REPRESSÃO À CORRUPÇÃO

PRÁTICAS PROCESSUAIS

REPRESSÃO À CORRUPÇÃO

PRÁTICAS PROCESSUAIS

2021

Arthur Sodré Prado

ALMEDINA

REPRESSÃO À CORRUPÇÃO
PRÁTICAS PROCESSUAIS

AUTOR: Arthur Sodré Prado

DIRETOR ALMEDINA BRASIL: Rodrigo Mentz
EDITORA JURÍDICA: Manuella Santos de Castro
EDITOR DE DESENVOLVIMENTO: Aurélio Cesar Nogueira
ASSISTENTES EDITORIAIS: Isabela Leite e Larissa Nogueira

PREPARAÇÃO E REVISÃO: Lyvia Felix e Paula Brito Araújo
DIAGRAMAÇÃO: Almedina
DESIGN DE CAPA: Roberta Bassanetto

ISBN: 9786556273631
Novembro, 2021

Dados Internacionais de Catalogação na Publicação (CIP)
(Câmara Brasileira do Livro, SP, Brasil)

Prado, Arthur Sodré
Repressão à corrupção : práticas processuais / Arthur Sodré Prado. -- 1. ed.
-- São Paulo : Almedina, 2021.

Bibliografia
ISBN 978-65-5627-363-1

1. Anticorrupção 2. Corrupção 3. Corrupção - Combate 4. Direito processual penal
5. Direito processual penal - Brasil I. Título.

21-79442 CDU-343.1(81)

Índices para catálogo sistemático:

1. Brasil : Direito processual penal 343.1(81)
Maria Alice Ferreira - Bibliotecária - CRB-8/7964

Este livro segue as regras do novo Acordo Ortográfico da Língua Portuguesa (1990).

EDITORA: Almedina Brasil
Rua José Maria Lisboa, 860, Conj.131 e 132, Jardim Paulista | 01423-001 São Paulo | Brasil
editora@almedina.com.br
www.almedina.com.br

AGRADECIMENTOS

Meu percurso intelectual e profissional se deve à generosidade de grandes juristas. Maíra Rocha Machado, Heloísa Estellita, Marta Rodriguez de Assis Machado, Daniella Meggiolaro Paes de Azevedo e Flávia Rahal Bresser Pereira, muito obrigado por terem acreditado em mim e apostado na minha formação. Vocês são um combustível de humanismo, indignação e empatia.

Agradeço, também, ao Conrado Gidrão de Almeida Prado e ao Thiago Barbosa Diniz Nicolai, por sonharem junto comigo, motivarem-me sempre e segurarem as pontas nas minhas ausências.

Sou muito grato ao Rubens Eduardo Glezer, a primeira pessoa que me explicou e me ajudou a montar um projeto de pesquisa.

Ao Arnaldo Malheiros Filho. Sinto saudade quase todos os dias.

APRESENTAÇÃO

Este livro é fruto de uma pesquisa realizada no âmbito do mestrado acadêmico em Direito e Desenvolvimento da Fundação Getulio Vargas. Nele, a leitora e o leitor encontrarão uma detalhada narrativa sobre como casos de corrupção são concebidos e sobre como as suspeitas redundam em processos criminais. A partir desses dados, aponto em que medida tais práticas se ajustam aos diferentes modelos dogmáticos sobre a possibilidade de o Ministério Público escolher quem denunciar, quando e por qual crime.

Não espere encontrar uma resposta normativa. Esta versão ligeiramente adaptada e atualizada da minha dissertação, concluída em 2017, reflete a busca em compreender como algumas características dos casos de corrupção se relacionam com a demanda por uma forma particular de investigar e responsabilizar os envolvidos. Por isso, o fenômeno foi estudado no "microscópio", ou seja, nos detalhes das folhas dos autos, contemplando não só a perspectiva do Judiciário, mas a de todos os atores envolvidos.

Diante das limitações de uma dissertação de mestrado para avançar em um debate teórico mais sofisticado, procurei observar problemas muito práticos: Como o Ministério Público consegue atrair particulares para que exponham agentes públicos, superando o receio de que seus relatos sejam interpretados como confissões de corrupção? Como se diferencia, a partir de suspeitas, quem deve ser punido por corrupção e quem é vítima de concussão se na maioria das vezes não é possível saber, *a priori*, se uma pessoa pagou propinas a um agente público ou se ela foi extorquida por ele a pagar vantagens indevidas?

Nessa espécie de casos, os suspeitos não costumam ser presos em flagrante e as evidências não são coletadas unicamente por depoimentos prestados à autoridade policial. As acusações são construídas a partir de cruzamentos de dados, quebras de sigilos, acordos de colaboração e, como descrevo ao longo do livro, acarretam a necessidade de escolhas e priorizações sobre quais fatos investigar e quais pessoas responsabilizar.

Para responder à pergunta sobre como o Ministério Público seleciona quais indivíduos serão investigados e denunciados por crimes contra a Administração Pública e para fazer generalizações a partir desse nível de observação, foi preciso enfrentar duas questões metodológicas importantes.

A primeira diz respeito a como estudar a corrupção a partir de um ponto de vista empírico, tendo em vista a dificuldade de coletar e tratar os dados disponíveis atualmente a respeito desse fenômeno. A segunda se refere a como avaliar a *performance* da Justiça brasileira a partir do direito. Esse ponto de vista, consequentemente, questiona a ideia de que o padrão ótimo seja apenas a busca por mais condenações, mais rápido.

Por isso, na Introdução e no primeiro capítulo da obra, apresento os pontos de partida teóricos para uma pesquisa de natureza qualitativa e indutiva. Exponho os motivos que me levaram a optar por um estudo de caso, as limitações dessa estratégia, a escolha do caso, das unidades de análise e o processo de coleta e tratamento dos dados.

Essa discussão, de cunho eminentemente acadêmico, pode ser interessante às curiosas e aos curiosos em pesquisar o direito de forma não normativa e/ou a quem deseje alguma forma de se situar no campo das pesquisas sobre corrupção. Quem se interesse mais pelos resultados do que pelas questões envolvendo o caminho para chegar a eles pode iniciar a leitura pelo segundo capítulo.

No terceiro capítulo, apresento um quadro teórico referente aos modelos de obrigatoriedade e oportunidade da ação penal e explico como a literatura foi organizada. Esse assunto, relevante para o campo jurídico, pode não ser tão importante aos demais leitores quanto o debate iniciado no quarto capítulo, onde enfrentei a minha pergunta de pesquisa.

Como se verá ao longo do livro, a ideia é convidar todas e todos para pensar as políticas de repressão à corrupção fugindo do maniqueísmo, dos lugares-comuns e das soluções fáceis. Dada a conjuntura de questionamento sobre como a justiça criminal age e deve agir nos casos de corrupção, é urgente pensar na conciliação dos interesses de reprimir esse mal de forma eficaz e respeitar o direito.

Este é o objetivo. Para que se possa pensar em bons remédios contra a corrupção, ofereço o diagnóstico de uma estratégia para reprimi-la e os efeitos adversos que consegui enxergar na adoção dessas práticas.

PREFÁCIO

Este livro aborda de modo inédito a justiça criminal brasileira, revelando de modo detalhado e profundo as entranhas da investigação e da persecução penal no campo da corrupção. Pela clareza e contundência do texto, a obra oferece um retrato preciso do modo como o direito e as instituições jurídicas funcionam em nosso país. Sem renunciar à complexidade do fenômeno narrado, foi estruturada e redigida para iniciar um diálogo profícuo com leitores e leitoras de dentro e de fora do direito, de dentro e de fora da academia. Uma contribuição com este alcance apenas pode ser obtida com pesquisa robusta, como a desenvolvida por Arthur Prado no decorrer do mestrado acadêmico na Escola de Direito de São Paulo da Fundação Getulio Vargas (FGV DIREITO SP).

A pesquisa que está na origem deste livro inova ao trazer à luz clara do dia a atuação do Ministério Público como agente-decisor em um ambiente normativo que não lhe permite escolher quem denunciar, quem apontar como vítima e quem alocar no rol das testemunhas de acusação. O contexto para essa anômala atividade decisória não poderia ter sido escolhido com maior perspicácia: o da turva (que alguns qualificam como impossível em nosso direito positivo) distinção entre corrupção ativa, corrupção passiva e concussão, que tem cobrado um preço caro em nosso sistema de justiça, como exponencialmente demonstrado nos casos oriundos da Operação Lava Jato. O trabalho dá testemunho de que o tratamento assistemático, nebuloso, confuso, sobreposto e até mesmo lacunoso dos crimes contra a Administração Pública tem efeitos processuais penais palpáveis, que desembocam na afetação da vida de seres humanos concretos.

Ao colocar em primeiro plano os fatores, as condições e os constrangimentos da denúncia, a pesquisa lança luz sobre a construção desse momento-chave da persecução penal, que não tem recebido a mesma atenção que as prisões processuais, as sentenças e os recursos aos tribunais superiores nas pesquisas sobre a justiça criminal. Ao redor dessas temáticas, as seleções e as decisões tomadas pelos membros do Ministério Público são igualmente fundantes do desenrolar da persecução penal. No entanto, a denúncia, objeto central deste livro, estabelece os termos e o enquadramento, material e processual, dos fatos da vida levados ao Poder Judiciário.

O rompimento da cisão entre direito penal e direito processual penal é, certamente, o ponto alto da contribuição dada por Arthur Prado. Toma-os como trem e trilho: só são dotados de sentido em conjunto. Ainda que alocados em codificações distintas, e com frequência tratados separadamente pela doutrina e pelas pesquisas jurídicas, este livro pode ser lido também como uma demonstração da interdependência entre esses dois saberes: é o direito penal que determina o conteúdo do acontecimento histórico que tem de ser narrado na denúncia e comunicado com clareza ao acusado para que dela possa se defender. Todavia, um direito penal confuso e assistemático inviabiliza não só a pretensão preventivo-geral da ameaça penal, como fulmina o princípio da obrigatoriedade e as funções de informação e delimitação do objeto do processo atribuídas à denúncia (para não falar da inviabilidade de observância da correlação entre denúncia e sentença, correlato gravíssimo desse cenário). Trata-se, assim, de uma inestimável e contramajoritária contribuição para que se abandone, de vez, a ideia de que esses conjuntos normativos podem ser estudados de forma estanque. Trata-se de uma pesquisa não departamentalizada, como convida o campo do Direito e Desenvolvimento, área de concentração do programa de pós-graduação em que se insere.

Os resultados da pesquisa apresentada neste livro beneficiam-se, ainda, da acurada técnica e sensibilidade jurídicas de seu autor. Advogado militante, conhecia profundamente o campo que se dispôs a investigar, o que não lhe impediu de manter um olhar imparcial, exigido pelo exame acadêmico, tanto que não descuidou por um momento sequer de estranhar e questionar aquilo que já sabia em função de sua prática profissional como advogado a partir de sua prática profissional como pesquisador. Um equilíbrio fino e extremamente exigente, que Arthur Prado desempenhou com maestria.

Maíra Rocha Machado e *Heloisa Estellita*
Professoras da Escola de Direito de São Paulo da
Fundação Getulio Vargas (FGV DIREITO SP).

SUMÁRIO

INTRODUÇÃO

O problema da corrupção[1] tem sido uma pauta frequente da literatura nos últimos trinta anos. Em diferentes áreas das ciências sociais, pesquisadoras e pesquisadores têm concentrado esforços para compreender como diferenças no arranjo institucional podem afetar os níveis desse fenômeno.[2] Foram elaboradas, consequentemente, hipóteses para verificar por que alguns países em desenvolvimento resistem às reformas institucionais, vistas de maneira abrangente.[3]

O Banco Mundial foi uma das agências importantes para o estudo da corrupção, não só pelos investimentos realizados em medidas de combate desse tipo de comportamento, como também em razão de um projeto chamado *Governance Matters*.[4] Trata-se de pesquisas transnacionais comparando a qualidade das instituições e a relação entre elas e o desenvolvimento dos países.[5]

[1] O termo "corrupção" será utilizado, ao longo deste capítulo, de forma bastante genérica, significando o uso indevido da função pública para obtenção de vantagens particulares, não como sinônimo dos crimes, tais como definidos na nossa legislação. Em momento posterior, serão apresentados os tipos penais que recebem esse *nomen juris*, a concussão, e algumas das características desses delitos. A escolha pelo uso mais amplo desse conceito, neste primeiro capítulo, deu-se para facilitar o diálogo com a literatura do campo do direito e desenvolvimento, embora, como se verá a seguir (especialmente no item 4.2), aponte que a imprecisão em definir os tipos penais de crimes contra a Administração Pública pode contribuir para confusões e excessos na imputação.

[2] Entre muitos outros, Shleifer e Vishny (1993), Rose-Ackerman e Coolidge (1995), mais recentemente, Rose-Ackerman e Palifka (2020).

[3] Para uma revisão da literatura sobre o tema: Davis e Trebilcock (2008).

[4] Prado e Trebilcock (2009, p. 3) identificam não só a importância do projeto *governance matters*, como relacionam a estratégia de investimento do Banco Mundial a uma aposta de melhoria do desenvolvimento por meio de reformas institucionais.

[5] Essas pesquisas se relacionam a uma onda de euforia acadêmica, ocorrida entre as décadas de 1990 e 2000, sobre propostas de reformas regulatórias que assegurassem o funcionamento correto das instituições. Influenciados pelas premissas do novo institucionalismo econômico, diversos

Por meio de cálculos efetuados a partir de uma grande quantidade de entrevistas, foram criados índices ligados à governança dos países, que foram cruzados com três medidas de desenvolvimento: PIB *per capita*, analfabetismo e mortalidade infantil.

Um dos indicadores utilizados no projeto *Governance Matters* foi a corrupção, o que tem embasado uma grande quantidade de estudos amparados em comparações *cross-country* entre fatores institucionais e índices de percepção e de experiência[6] com o fenômeno (TREISMAN, 2000). Todavia, as pesquisas têm dificuldades em estabelecer uma relação de causalidade entre modelos institucionais e uma diminuição na incidência desse tipo de comportamento (TREISMAN, 2007; MICHAEL, FERGUSON e KARIMOV, 2010), ou seja: sabe-se que algo há de ser feito, mas não existe um consenso sobre o que fazer.

Analisando as razões pelas quais os países em desenvolvimento não conseguem livrar-se da corrupção, uma possível explicação é a de que mecanismos de autorreforço impeçam que as mudanças nas leis sejam efetivas[7] quando o fenômeno está profundamente entrincheirado em um ambiente (ROSE-ACKERMAN e TRUEX, 2012, p. 37).[8]

pesquisadores realizaram estudos teóricos e empíricos na aposta de que reformas institucionais poderiam promover o desenvolvimento econômico e social dos países. Sobre o tema: Shapiro (2010). Segundo essa vertente da economia, as instituições são um fator determinante para o desenvolvimento econômico. Tendo em vista que (i) a incerteza gera um incremento nos custos de transação e de produção e que (ii) as escolhas dos agentes são limitadas pelas regras do jogo, as instituições têm um importante papel na coordenação da economia: países com instituições que facilitam a certeza das transações e a impessoalidade tenderiam a ser mais desenvolvidos. Assim, "a incapacidade de desenvolver mecanismos de baixo custo de cumprimento dos contratos é a mais importante fonte tanto da estagnação histórica como do subdesenvolvimento presente no Terceiro Mundo" (NORTH, 1990, p. 54).

[6] Índices de percepção são calculados com base em entrevistas focadas na compreensão de quanto a sociedade e as empresas acham que o país é corrupto. Os índices de experiência decorrem de *surveys* em que os entrevistados são indagados se já pagaram propinas ou receberam propostas nesse sentido.

[7] Exemplo disso foi a implantação de códigos de conduta para os funcionários aduaneiros e campanhas de conscientização anticorrupção. Após 75 projetos por todo o mundo, ao longo de dez anos, agências de fomento norte-americanas como a USAID investiram grandes somas de dinheiro nesse tipo de estratégia, sem que se tenha notícia de um estudo demonstrativo de que os resultados dessas iniciativas justificassem os seus gastos (MICHAEL e MOORE, 2010, p. 5).

[8] Por meio de uma construção baseada na teoria dos jogos, Bardhan (1997, p. 1331-1332) sustenta que a variação da corrupção ocorre em função da frequência inicial. Em um ambiente em que poucos oficiais são corruptos, os incentivos à honestidade são maiores, mas esse benefício diminui à medida que aumenta a corrupção, passando a haver um deslocamento do ponto de equilíbrio para o comportamento ilegal. Por isso, os ambientes corruptos resistem muito mais a mudanças, pois,

Prado e Trebilcock (2009) utilizam as ferramentas de *path dependence* e *critical junctures* para explicar essa resistência às mudanças institucionais. Há fatores históricos, sociais, políticos e culturais subjacentes às instituições, que moldaram o *status quo* e que tendem a preservar essa situação, burlando as tentativas de reforma.

Apenas em grandes crises, argumentam os autores, é que se consegue promover reformas institucionais de maior porte. Em razão disso, mudanças regulatórias dificilmente serão efetivas se consistirem no transplante de uma instituição para ambientes diferentes. Portanto, os países devem trocar experiências com outros que tenham condições histórico-culturais parecidas. Além disso, iniciativas como a criação de projetos piloto, reformas paulatinas e o mapeamento de quais são as elites afetadas pelas mudanças normativas e como lidar com elas são medidas que tendem a ser mais efetivas do que mudanças estruturais (PRADO e TREBILCOCK, 2009, p. 43-45).

Pensando a situação brasileira a partir dessa chave conceitual, nota-se que a repressão à corrupção tem motivado diversas reformas legislativas no país, nos últimos anos. Cumprindo com as diretivas internacionais sobre o tema, o país assinou três tratados internacionais,[9] aumentou a sanção penal para as formas comuns do delito,[10] alargou o âmbito de incidência do tipo penal,[11] permitiu a difusão de métodos de investigação como a interceptação telefônica por longos prazos[12] e, mais recentemente, disciplinou os acordos de colaboração premiada e de leniência.[13] Houve, ainda, a promulgação de

com um mesmo incentivo, é muito mais fácil diminuir os índices de corrupção em uma sociedade que não sofre desse mal endêmico.

[9] No início dos anos 2000, o país ratificou e incorporou a Convenção das Nações Unidas contra a Corrupção, a Convenção Interamericana contra a Corrupção (2003) e a Convenção sobre o Combate da Corrupção de Funcionários Públicos Estrangeiros em Transações Comerciais Internacionais (2000).

[10] A pena máxima para a corrupção foi alterada para doze anos, podendo chegar a dezesseis anos se, em consequência da vantagem ou promessa, o funcionário retarda ou deixa de praticar qualquer ato de ofício ou o pratica infringindo dever funcional.

[11] A Lei n. 10.467/2002 incluiu no Código Penal o Capítulo II-A para prever os tipos de corrupção e tráfico de influência em transações internacionais.

[12] Embora o art. 5º da Lei n. 9.296/1996 preveja que a diligência "não poderá exceder o prazo de quinze dias, renovável por igual tempo uma vez comprovada a indispensabilidade do meio de prova", nos últimos anos a jurisprudência sedimentou entendimento de que a renovação pode ocorrer por mais tempo.

[13] A Lei n. 12.850/2013, modificada pela Lei n. 13.964/2019 no que toca aos acordos de colaboração, também dispõe sobre o crime de permanência em organização criminosa, tipo penal invocado com frequência em casos de corrupção.

uma lei prevendo a responsabilidade objetiva das pessoas jurídicas por atos de corrupção de que tenham se beneficiado[14] e, ainda, um aperfeiçoamento na regulação dos acordos de colaboração premiada e a previsão de pagamento a *whistleblowers* por informações sobre ilícitos cometidos no âmbito da Administração Pública.[15]

No entanto, é complexo associar essas mudanças com uma diminuição do fenômeno. Tendo em vista a extensa quantidade de variáveis envolvidas e o ainda modesto número de pesquisas sobre o tema, há uma dificuldade para a realização de estudos empíricos sobre a corrupção no Brasil. Seria infrutífera, até ingênua, uma tentativa de relacionar causalmente alguma mudança institucional com o aumento do número de casos instaurados e julgados e, mais ainda, a ambição de relacionar os casos a uma variação na incidência desse fenômeno.[16]

[14] Para uma descrição da Lei n. 12.846/2013 e dos acordos de leniência, ver Pimenta (2020).

[15] Lei n. 13.964/2019.

[16] Não chegou ao meu conhecimento nenhum estudo empírico demonstrando que a repressão à corrupção diminui a incidência do fenômeno no Brasil. Os estudos sobre as causas são diversos, apontando para fatores socioculturais, econômicos e jurídicos (ROSE-ACKERMAN, 2010a e 2010b; ROSE-ACKERMAN e TRUEX, 2012), e o combate à corrupção não se faz, apenas, na forma de repressão (*ex post*), mas também na forma de medidas preventivas (*ex ante*), diminuindo os incentivos. Um exemplo dessa indefinição pode ser notado a partir da compilação de Shah (2006) sobre os modelos econômicos de causas da corrupção. O autor os classifica em modelos *principal-agent*, a perspectiva da nova gestão pública e a nova economia institucional.
Na primeira hipótese, o governo é liderado por um benevolente principal, que objetiva motivar os agentes públicos a agir com integridade no uso de recursos públicos. Seguindo essa perspectiva, o tipo *crime and punishment* (BECKER, 1968) entende que o corrupto faria uma análise de custo-benefício entre os ganhos das propinas e os custos de ser pego e punido. Assim, a corrupção poderia ser mitigada reduzindo o número de transações discricionárias, diminuindo o ganho relativo de cada transação e aumentando a possibilidade de detecção e as penalidades por atividades corruptas. Entretanto, a experiência em países altamente corruptos contradiz esse tipo de modelo porque as regras mais repressivas aumentam o peso da corrupção e a falta de discricionariedade acaba sendo um argumento defensivo do corrupto que, flagrado, afirma que não teria poder para a prática do ato. Uma variante do modelo *principal-agent* inclui altos oficiais do governo que recebem benesses para instituir ou manipular as normas em favor de grupos de interesse, sejam eles empresas do setor privado, sejam grupos burocráticos. Esses oficiais sopesariam entre os ganhos e as possibilidades de não serem eleitos ou receberem sanções caso fossem pegos.
Segundo a perspectiva da nova gestão pública, uma discordância entre a representatividade do setor público, o ambiente, a cultura e a capacidade operacionais faz com que o governo se comporte como um "trem desgovernado" e os agentes públicos corram atrás de benefícios privados, sem que haja oportunidade para que os cidadãos constranjam esse tipo de comportamento. Esse ponto de vista, segundo Shah (2006, p. 10), pede que o governo seja regulado e cobrado por resultados contratuais; aqui não se sugere rotatividade de cargos, mas que o empregado fique em seu cargo

Essas limitações não impedem, todavia, investigações sobre o funcionamento do sistema de justiça criminal que possam contribuir para a reflexão sobre o papel do Direito, particularmente o do processo penal, em um projeto de desenvolvimento que vê a corrupção como um fator negativo para a democracia e a economia do país, bem como as possíveis consequências, para o Direito, da implementação de um projeto de processo penal que vise à diminuição desse fenômeno.

Um bom exemplo desse tipo de pesquisa é o estudo de caso sobre a Operação Lava Jato feito por Rodrigues (2020, p. 260). A autora relaciona o caso com o aprendizado institucional, o uso estratégico de inovações regulatórias, o direcionamento de recursos e "altas doses de voluntarismo".

Rodrigues (2020, p. 263) aponta a ambiguidade dos resultados da Operação Lava Jato. Seis anos após a sua deflagração, o país ainda convive com notícias de processos instaurados e julgados decorrentes de acusações de corrupção envolvendo grandes empresas, nacionais e estrangeiras, bem como autoridades públicas brasileiras. No entanto, a autora observa como "fatores estruturais" geram "seletividade no controle criminal da corrupção política". Esses fatores são "agravados por uma ação voluntarista, num contexto de amplas margens de discricionariedade dos atores", demandando uma "revisão do debate sobre a eficiência da fase de punição criminal" (RODRIGUES, 2020, p. 263).

Embora um diálogo mais amplo com a autora, voltado ao Judiciário, seja objeto de uma pesquisa atual, ainda incompleta, neste trabalho busquei compreender justamente esses "fatores estruturais" mencionados por ela, anos depois, ao examinar a Operação Lava Jato. É possível falar em um momento de crise, apto a rupturas que podem modificar o *status quo*? Alguma modificação importante aconteceu para que os casos passassem a vir à tona? O país superou a imaginada resistência para o *enforcement* das leis anticorrupção?

desde que cumpra as suas obrigações contratuais. A ideia de privatização de serviços e descentralização reforçaria os mecanismos de *voice and exit*. Entretanto, esse modelo sofre críticas porque a falta de controles verticais poderia gerar novos focos de apropriação privada de recursos públicos. Consoante o modelo da nova economia institucional, países com alta corrupção também se caracterizam por não ter mecanismos adequados de cumprimento dos contratos, um sistema judiciário fraco e uma fraca provisão de segurança pública. Tendo em vista o *path dependence*, fatores culturais, econômicos e históricos podem gerar retaliação às tentativas de barrar a corrupção, razão pela qual a aposta no empoderamento dos cidadãos assumiria "importância crítica no combate à corrupção, porque ele pode ter um impacto significativo nos incentivos enfrentados pelos funcionários públicos para serem responsivos ao interesse público" (SHAH, 2006, p. 12).

Para buscar uma melhor compreensão sobre o assunto, parti de uma literatura baseada na percepção de Taylor e Buranelli (2007) sobre o funcionamento do sistema de justiça brasileiro na repressão à corrupção. Referidos autores entenderam que os casos no Brasil teriam problemas para chegar até o final, com a aplicação de sanções, devido à má qualidade da interação entre os órgãos que desempenham funções na repressão a esse fenômeno, e não devido à ausência de leis.[17] Foram realizados estudos descrevendo a interação das instituições encarregadas de monitorar, investigar, adjudicar e sancionar atos corruptos, e, a partir deles, é possível concluir que as instituições exercem competências sobrepostas, e esse relacionamento não necessariamente é cooperativo (MACHADO e PASCHOAL, 2016).

A pesquisa me levou a um texto de Carson e Prado (2014, p. 27) acerca da aplicação do marco legal anticorrupção brasileiro. O artigo propõe seja criado um "Judiciário especial anticorrupção", em que os órgãos de controle poderiam escolher em qual tribunal as acusações por atos corruptos tramitariam.

Tal medida seria uma estratégia para lidar com o problema nos desenhos de políticas públicas de combate a esse fenômeno,[18] porque a "multiplicidade não demanda o conhecimento do motivo pelo qual as instituições não estão funcionando (problemas com a implementação ou na concepção)" (CARSON e PRADO, 2014, p. 25). Ela também resolveria uma incompreensão dos fatores que levam à corrupção, pois há modelos dominantes na literatura que exigiriam diferentes abordagens.[19]

A implantação de um judiciário anticorrupção, como relatam as autoras, foi uma medida promissora na Indonésia, mas acabou frustrada pela Suprema Corte do país, que entendeu inconstitucional a possibilidade de escolha da jurisdição competente (SCHÜTTE e BUTT, 2013).

[17] Os autores pensaram em dividir o exercício do combate à corrupção, no Brasil, em certos papéis, com intuito de enxergar melhor se o mau funcionamento do sistema estaria no monitoramento, nas investigações ou na adjudicação da corrupção (TAYLOR e BURANELLI, 2007).

[18] A causa para o que relataram ser baixos índices de condenação se devia não a erros procedimentais, mas a problemas estruturais como processos excessivamente formais, penosas leis procedimentais e à corrupção (CARSON e PRADO, 2014, p. 18). A questão que não está colocada no texto das autoras é que o formalismo e as leis procedimentais são, muitas vezes, garantias dos acusados à produção de provas e à observância de um devido processo. Especialmente no contexto brasileiro, em que há um procedimento investigatório notadamente inquisitivo e o contraditório deve ser exercido durante a ação penal, é preciso compreender a função do processo como meio de defesa para que se possa avaliar se ele é, de fato, excessivamente formal ou penoso.

[19] Ver nota 14.

Inobstante o estranhamento que essa solução de escolha do Judiciário cause nos estudiosos da dogmática constitucional brasileira, tendo em vista a aparente contrariedade com a ideia de um juiz natural, é preciso ponderar que as autoras publicaram o texto antes da edição, pelo Tribunal Regional Federal da 4ª Região do Brasil, de sucessivas resoluções prevendo a competência exclusiva de um magistrado de uma das varas criminais para atuação nos casos decorrentes da referida operação Lava Jato.

A pesquisa de Rodrigues (2020, p. 222-235) também aponta como foram manobradas estrategicamente as margens interpretativas para afirmar se determinada situação seria, ou não, conexa ao contexto da Operação Lava Jato. Essa possibilidade pode sugerir a correção da hipótese de Carson e Prado (2014), porque a operação resultou em altos níveis de condenação.

No entanto, não é meu interesse investigar como obter mais condenações, mais rápido. O que me desperta a atenção é como Carson e Prado (2014), sendo pesquisadoras em direito, estão enxergando possibilidades de reformas institucionais, sob uma perspectiva ampla, sem as conectar com princípios constitucionais ou com a necessidade de harmonizar as propostas de reforma com as regras processuais vigentes.[20]

Entendo que o sistema de justiça criminal, como uma prática, pode ser mais ou menos explicado pela legislação. No caso particular da legislação anticorrupção brasileira, há muitas normas regulando o assunto, com várias alterações recentes e, portanto, não existe uma fronteira nítida delimitando fatores conjunturais e normas, ação e contexto, que permitam isolar uma ou outra variável para o estudo.

Por esse motivo, como explicarei a seguir, adotei a estratégia de estudo de caso, no intuito de enxergar um fenômeno contemporâneo e complexo em seu ambiente. Escolhi observar em detalhes um caso, em trâmite na Justiça estadual de São Paulo, em que alguns fiscais da secretaria de arrecadação da capital estão sendo acusados de ter exigido propinas para a emissão

[20] Em artigo próprio tratei especificamente desse estranhamento quanto às considerações avaliativas e normativas de Carson e Prado (2014), reproduzidas na descrição de Pimenta (2020, p. 23-27) sobre o campo. Entendo existir um equívoco fundamental dos criadores e reprodutores do conceito de rede de *accountability* no Brasil (em especial, POWER e TAYLOR, 2011) ao considerar o Poder Judiciário um agente de *enforcement* anticorrupção. Daí se considera que há má performance se os juízes não condenam, por enxergar que a tarefa do Poder Judiciário é "punir", e não "punir, desde que de acordo com a lei" (ou seja, desde que todos os atores tenham seguido o procedimento legal). Para além dessa concepção teórica, entendo que essa visão pode decorrer de uma estratégia de pesquisa que só colhe informações a partir de entrevistas com agentes públicos e de reportagens (PRADO, 2020).

de certificados de quitação de Imposto sobre Serviços (ISS) e do uso desse dinheiro para a compra de bens em montante muito superior ao salário que recebiam. Tais certificados são um pré-requisito à concessão de licença para ocupação de unidades habitacionais (habite-se).

Relativamente a esse mesmo contexto fático, foram instauradas diversas ações penais, sindicâncias e processos administrativos, bem como ações por atos de improbidade.

A escolha pelo caso do ISS se deveu a alguns fatores. Considero esse um caso rico, pois as investigações fizeram com que grande parte dos empreendimentos lançados na capital de São Paulo nos últimos anos (mais de quatrocentos lançamentos) fosse auditada e resultasse em uma ampla investigação, abordando um suposto esquema de corrupção que afetaria dezenas de construtoras. Aponta-se que a arrecadação do município com ISS, depois do caso, tenha aumentado significativamente (FECOMERCIO, 2014). Há uma complexa configuração de inquéritos policiais, ações penais por concussão, ações de improbidade e ações por lavagem de dinheiro.

O caso possui elevada tipicidade.[21] Seguindo caminho oposto aos rumorosos casos do Tribunal Regional do Trabalho (TRT), do Mensalão e da Operação Lava Jato, no caso dos fiscais do ISS os agentes públicos foram acusados de concussão, e os particulares, considerados vítimas e arrolados como testemunhas. Trata-se de uma abordagem não usual para o fenômeno, que poderia decorrer de uma circunstância contextual, manifestada no corpo do processo.

Depois da coleta de dados no meu estudo de caso, notei que o material empírico fornecia uma agenda de estudos sobre temas pontuais, mas, examinando os dados sob uma perspectiva mais ampla, entendi insuficiente o enquadramento em categorias específicas penais ou processuais penais.

Investigar a interação entre as instituições e a rede de *accountability*, como fizeram outras autoras e autores, não me permitiria oferecer ao campo de conhecimento um enfoque diferente, a partir de algumas ações tomadas pelo Ministério Público como titular da ação penal, função atribuída unicamente ao órgão acusador. Tratar essas seleções apenas do ponto de vista dos critérios de autoria ou de características dos tipos penais de crimes contra a Administração Pública obscureceria os motivos de algumas escolhas feitas, no âmbito das investigações, que conformaram as denúncias para o tipo específico

[21] Por tipicidade, quero dizer que o caso tem caracteres que fazem dele especial para a pesquisa sobre determinado assunto. Para uma explicação sobre os conceitos de caso "rico" e "típico" na seleção de amostras em pesquisas qualitativas, ver Pires (2008).

de imputação de concussão e lavagem de dinheiro, contra o grupo de fiscais e suas esposas.

Por outro lado, ao pensar no caso dos fiscais do ISS somente sob o ponto de vista das investigações internas feitas pelo Ministério Público, dos acordos de colaboração ou, ainda, dos critérios de competência e conexão, a pesquisa deixaria de lado a dificuldade em distinguir, a partir de um caso concreto, entre corrupção e concussão, no contexto de corrupção sistêmica, para a formulação de uma denúncia.

Outra questão que me motivou a pensar o caso do ISS em um contexto mais amplo foi a recorrência do uso de expressões relacionadas à eficácia e eficiência, que não são categorias penais ou processuais penais. No âmbito dos documentos examinados e das entrevistas, talvez pelo caráter indutivo da pesquisa e da abertura das perguntas, os temas eram pouco debatidos e justificados sob o ponto de vista da Constituição e de artigos de lei. Boa parte das questões, como a imputação do crime de concussão, a divisão dos casos em várias denúncias e a configuração de quais eram as instituições que funcionariam em um caso, foi explicada sob o prisma da celeridade e utilidade para a descoberta de novas provas, e não pela conformidade constitucional ou legal daquelas situações.

Resolvi, então, debruçar-me sobre a literatura que trata da obrigatoriedade/oportunidade da ação penal pública, em busca de explicações sobre as possíveis escolhas que o Ministério Público faria no âmbito de um processo.

Notei, então, que, subjacente ao debate em torno da possibilidade de o órgão ministerial escolher não processar pessoas, paira uma reflexão relevante e atual do ponto de vista da política criminal e, mais ainda, sob a própria concepção de modelos de implementação do direito.[22]

Como destaca Hassemer (2001, p. 71), esse debate opõe um pensamento "clássico", que se aproxima do modelo de obrigatoriedade e cuja ideia subjacente é a de justiça, a um pensamento "moderno", que se aproximaria do modelo de oportunidade, cuja ideia subjacente é a de "finalidad (efectividad, inteligencia política)". Uma opção político-criminal, segundo o autor, deve levar em conta que "la justicia es la meta, pero que la finalidad es la condición restrictiva para alcanzar la meta". O autor sintetiza o dilema asseverando que

[22] Figueiredo Dias e Costa Andrade (2013, p. 478) apontam o exame da opção entre o princípio da legalidade e da oportunidade como um dos tópicos "privilegiados pelos juristas para caracterizar modelos processuais em geral e o estatuto jurídico do MP em particular".

se deve almejar tanta justiça quanto possível, com tanta oportunidade quanto se faça necessário (HASSEMER, 2001, p. 71).

O autor pondera, ainda, que "la relación entre legalidad y oportunidad en la persecución penal en la práctica del Derecho no es tanto un problema de textos legales como una consecuencia de la fáctica implementación del Derecho" (HASSEMER, 2001, p. 73). Assim, o processo penal, "por muy acorde que sea con los principios del Estado de Derecho – sólo vinculará a la persecución penal si las autoridades instructoras y tribunales penales se dejan vincular" (HASSEMER, 2001, p. 73).

Nota-se, portanto, que essa construção teórica a respeito da ação penal pública é um bom caminho para estudar diferenças entre práticas e a dogmática. Trata-se de um tipo de investigação ajustado à minha estratégia de pesquisa empírica.

Como resultado da revisão da literatura e das minhas observações, reflito sobre quanto do atual funcionamento do sistema de justiça criminal, nos casos de corrupção, é explicado ou orientado normativamente pelo paradigma da obrigatoriedade, ou se a ideia de eficácia por meio de uma ação eficiente explica o exercício da oportunidade, em que o Estado atua no processo penal por meio de escolhas políticas.

Como apontou Rodrigues (2020, p. 148) sobre a operação Lava Jato, é razoável que a escassez de recursos materiais e humanos tenha como consequência a escolha de prioridades. No entanto, "essa margem de escolha pode acobertar finalidades não reveladas nas manifestações dos atores do sistema de justiça criminal". A questão é como o direito cria a margem de escolha, e se a discricionariedade, as ações estratégicas, ocorreram só no rumoroso caso por ela retratado, ou se tais características são inerentes à forma de coibir a corrupção por meio de processos criminais.

Como se pode compreender o incômodo da pesquisadora quanto à discricionariedade, o voluntarismo dos atores? Minha resposta é de que precisamos enfrentar um dilema: se o modelo de obrigatoriedade da ação penal está concebido para limitar as escolhas por meio da gramática do direito, ele não permite apreender como foram feitas essas seleções; se o modelo de oportunidade amplia a gramática do direito para que os atores justifiquem as suas seleções, ele os legitima a operacionalizar as suas pautas de política criminal sem nenhum controle democrático.

O livro será dividido da seguinte forma: no primeiro capítulo, descrevo a metodologia empregada para o estudo do caso dos fiscais do ISS. No segundo capítulo, apresento os resultados da pesquisa por meio de uma descrição dos fatores que entendi explicativos da tomada de duas ações: o oferecimento de denúncia por concussão e a separação do caso em diversos processos criminais. No terceiro capítulo, aponto a base teórica empregada para a minha análise. Por meio da discussão a respeito da obrigatoriedade e oportunidade da ação penal, abordo as diferentes concepções de direito processual penal utilizadas para explicar as possibilidades de ação do Ministério Público.

No quarto capítulo, procuro fazer inferências, a partir dos dados colhidos no caso do ISS, sobre o funcionamento do sistema de justiça criminal e sobre os dilemas inerentes à implantação de uma nova racionalidade para o processo penal. Ao final, há uma síntese da pesquisa.

1. QUESTÕES METODOLÓGICAS DE UMA PESQUISA SOBRE CORRUPÇÃO

Antes de apresentar o modo como a pesquisa foi construída e como a coleta de dados pode ser replicada, entendo necessário revelar o lugar de onde observo a justiça brasileira: o de alguém acostumado com a atividade de advocacia na área criminal, buscando trilhar uma carreira acadêmica na área do direito e desenvolvimento.

A compreensão desse local de onde pesquiso o direito influenciou a escolha por uma investigação predominantemente indutiva, como uma forma de evitar que meu raciocínio, acostumado com a busca de fatos para corroborar uma tese, pudesse conduzir minhas inferências para determinada literatura. Essa bagagem cultural também indica à leitora e ao leitor a busca pela compreensão do papel dos acusados como atores do sistema de justiça, e não somente a observação pelo lado das instituições.

O objeto de estudo, como dito na Introdução, é uma parte do funcionamento do sistema de justiça criminal. A pesquisa se restringe a enxergar a possibilidade de o Ministério Público realizar seleções no âmbito de uma investigação sobre corrupção. Essa investigação se inicia a partir de atos de monitoramento e termina com o oferecimento e o exame judicial sobre as denúncias ou os aditamentos. Trata-se de uma observação empírica qualitativa sobre a repressão à corrupção a partir de uma abordagem diferente, bem mais específica do que as comparações transnacionais e mais ampla do que o estudo de um instituto jurídico determinado.

1.1. Por que o estudo de caso?

Yin (2001, p. 33) define o estudo de caso como uma "estratégia de pesquisa abrangente", particularmente indicada para a investigação de "acontecimentos contemporâneos, mas quando não se pode manipular comportamentos relevantes" (YIN, 2001, p. 27). Para o autor, o estudo de caso permite o exame de um fenômeno contemporâneo quando não há limites claros entre ele e o contexto. Em decorrência de um problema de pesquisa em que há "muito mais variáveis de interesse do que pontos de dados", essa estratégia se vale de diversas fontes combinadas, "com os dados precisando convergir em triângulo" (YIN, 2001, p. 33).

O meu *corpus* empírico foi um acontecimento institucional, mais especificamente um conjunto de procedimentos judiciais que chamei de "caso dos fiscais do ISS", e a convergência triangular de dados deu-se a partir da análise documental dos autos desses procedimentos e de entrevistas semidiretivas com funcionários públicos e advogados que participaram do caso.

Essa abordagem é diferente daquela realizada em muitos estudos empíricos na área do direito e desenvolvimento. A maioria deles é realizada a partir da criação de índices de percepção e de experiência com a corrupção, mediante comparações transnacionais que tentam relacionar o fenômeno com fatores institucionais (TREISMAN, 2007).[23]

As pesquisas baseadas nesse método sofrem limitações, tanto em razão da abrangência do estudo como em relação a possíveis vieses. No que toca aos índices de percepção, a sensibilidade dos entrevistados e o grau de exposição da pessoa com o tema podem influenciar sobremaneira nos resultados, razão pela qual Speck (2000, p. 23) afirma que "os resultados de comparações entre pesquisas realizadas em diferentes momentos, entre distintos grupos e entre vários países tendem a ter os resultados determinados mais pela composição dos entrevistados do que pelas características dos países avaliados".

No que toca aos índices de participação, o entrevistado pode ser influenciado porque cometeu ou está cometendo o crime e pretende dissimulá-lo. Especialmente em um país como o Brasil, vivendo um momento de grande debate sobre o tema, com notícias sobre casos novos de corrupção fazendo parte da rotina dos noticiários, o entrevistado tem motivos para não se sentir à vontade na revelação de suas experiências.

Lendo os relatórios da Transparência Internacional (2020), vê-se que, nos últimos oito anos, o país estagnou seu índice de percepção da corrupção. Não há elementos que permitam checar se as pequenas diferenças

[23] Como disse anteriormente, índices de percepção são calculados com base em entrevistas focadas na compreensão de quanto a sociedade e as empresas acham que o país é corrupto. Os índices de experiência decorrem de *surveys* em que os entrevistados são indagados se já pagaram propinas ou receberam propostas nesse sentido.

entre altas e baixas, que só variaram em 1% acima ou abaixo da margem de erro, advêm de outros fatores além da maior exposição do tema nos meios de comunicação.

Como dito na Apresentação desta obra, a escolha pelo exame da corrupção no "microscópio", com foco nas ações do Ministério Público, ocorreu depois da coleta de dados, a fim de permitir que a pesquisa individual, no âmbito de um programa de mestrado, pudesse ter mais profundidade. Inicialmente, meu interesse era descrever como as instituições interagiam em um caso de corrupção.

Essa interação e os processos de escolha não estão disciplinados exaustivamente por normas positivas. As instituições recebem competências sobrepostas para atuação em casos de corrupção, emanadas de diferentes fontes, e não existe uma lei coordenadora dessas funções. Há apenas possíveis analogias com normas prevendo a resolução de conflitos de competência, que ocorrem quando dois juízes se entendem competentes ou incompetentes para julgar determinado caso. Existem, também, dispositivos legais estabelecendo a prevalência de uma sentença penal transitada em julgado, em certas situações, sobre os processos administrativo e civil.

Contudo, a interação existe, a despeito de a regulamentação ser mais ou menos expressa. O que ocorre quando não há conflitos, ao menos declarados, de competência? Para além de saber quem deve fazer o que, a pesquisa dogmática não poderia enxergar (i) "como" essas instituições executam os seus papéis e (ii) de que forma elementos estranhos ao direito positivo podem influenciar essa interação.[24]

Além disso, a literatura já indicava que não se pode notar parâmetros claros sobre tal aspecto. Maíra Rocha Machado (2012, 2014) produziu um estudo sobre o caso de corrupção na construção da nova sede do TRT em São Paulo e pode sustentar que, aparentemente, a decisão entre iniciar uma ação penal e uma ação de improbidade "depende fortemente da dinâmica interna dos membros do Ministério Público de cada Estado ou das diferentes unidades que atuam na esfera federal" (MACHADO, 2015, p. 10).

Machado (2015, p. 12) também enfrentou as questões metodológicas que pairam sobre o tema da avaliação da performance do sistema de justiça. Esse

[24] A investigação também não seria bem-sucedida em uma pesquisa na jurisprudência. O exame dos julgados teria a vantagem de revelar quais artigos de leis são invocados para discutir o relacionamento entre as instituições, em um contexto processual único. Entretanto, é difícil, por meio de precedentes, enxergar a interação no contexto de processos diversos relativos a um mesmo caso e acessar as dinâmicas ocorridas além dos conflitos de competência.

último texto reputa o estudo de caso como "uma estratégia de pesquisa muito propícia à interação das esferas jurídicas e [à] multiplicidade de procedimentos", e serviu como ponto de partida para a definição da minha metodologia, pois se dispõe a enfrentar três pontos centrais: como avaliar a performance do sistema de justiça, quais os dados disponíveis para pesquisas sobre o assunto no Brasil e como acessar informações a respeito da interação entre as instituições.

No que tange aos dados disponíveis para pesquisa sobre corrupção no Brasil, Machado (2015) menciona duas fontes. A primeira delas é o Levantamento Nacional de Informações Penitenciárias (Infopen), que relaciona o número de pessoas presas e os delitos a que foram apenadas. Esse dado não é muito elucidativo nem muito relevante para responder à minha pergunta de pesquisa.[25]

Outra fonte são os dados obtidos pelo Conselho Nacional de Justiça, em cumprimento à chamada Meta 18, segundo a qual os tribunais federais e estaduais devem identificar quantos casos de ações penais por corrupção e ações de improbidade foram julgados, bem como quantos aguardam julgamento.

Esses números, ainda que sirvam como indicativo de celeridade na prestação jurisdicional e permitam fazer comparações entre estados e entre tribunais, não são bons para que o pesquisador procure compreender como essa celeridade está sendo buscada, que tipo de medidas foram implementadas e se isso tem algum impacto para a defesa.

Como se vê, a escolha do método procurou suprir limitações de estudos baseados em índices e está mais ajustada com um exame, de maior profundidade, sobre um escopo menor, do que com uma comparação relacionando causas e consequências da corrupção.

[25] A autora refuta o critério do número de prisões como parâmetro avaliativo, seja porque ele "ofusca a existência de outros mecanismos de investigação, responsabilização e, inclusive, sanção que não são levados a cabo pelo sistema de justiça criminal e que, portanto, não podem aplicar sanções de privação de liberdade", como a responsabilidade civil, administrativa e disciplinar (MACHADO, 2015, p. 3), seja, ainda, porque há outros resultados, como o arquivamento de investigações, as absolvições ou a imposição de penas alternativas, que não necessariamente caracterizam má performance.

Outro parâmetro possível seria a celeridade no andamento dos casos, considerando a presteza na tomada de decisões uma variável dependente a ser observada. Não me vali desse critério, pois a adoção da celeridade como padrão ótimo pode não estar atenta a garantias processuais que servem o exercício da defesa. Além disso, como observa Machado (MACHADO e FERREIRA, 2014), não é necessariamente só a partir do trânsito em julgado que podemos dizer ter havido um processo de responsabilização e de sanção.

1.2. A escolha do caso do ISS

É importante delimitar o que considero ser o caso dos fiscais do ISS e quais foram as unidades da análise escolhidas para estudá-lo.

O caso consiste em uma pluralidade de procedimentos com um traço comum. Todos, sejam eles procedimentos de investigação interna, inquéritos policiais, inquéritos civis, ações penais e civis, tratam de fatos relativos ao pagamento de vantagens a um grupo de funcionários públicos em troca da obtenção de certificados de quitação do ISS, no período de 2007 a 2013.

Embora exista variação quanto aos indivíduos envolvidos, os casos, sem exceção, tratam de um núcleo semelhante de funcionários públicos e do mesmo *modus operandi*.[26]

A partir desse critério definidor do caso do ISS, em uma fase exploratória foi possível notar uma grande variedade de procedimentos, de difícil acesso. Depois de pesquisar na internet, localizei menções ao caso chamado de "máfia do ISS". Pesquisei os nomes dos acusados que apareciam nessas reportagens no portal do Tribunal de Justiça de São Paulo (TJSP) e localizei sete ocorrências.[27] Uma parte dos processos não estava digitalizada, mas alguns deles estavam disponíveis.[28] Baixei as cópias dos autos disponíveis, e notei tratar-se de denúncias que haviam sido desmembradas de um processo em trâmite perante a 21ª Vara Criminal. Elas vinham acompanhadas de alguns documentos e de um CD contendo cópias de um procedimento de investigação interna do Ministério Público (PIC) 3/13.

[26] Como fruto da pesquisa, localizei um novo procedimento decorrente das investigações que, entretanto, trata de fatos diversos (o recebimento de propinas por um dos fiscais para modificação de um projeto de lei, n. 0046843-14.2016.8.26.0050, em trâmite na 20ª Vara Criminal Central de São Paulo). Essa decorrência não foi objeto do meu trabalho.

[27] Uma pesquisa feita mais recentemente tem como resultado o procedimento relativo ao projeto de lei, totalizando oito ocorrências.

[28] Quando da coleta dos dados e da defesa da dissertação, os processos n. 0091952-85.2015.8.26.0050, em trâmite na 12ª Vara Criminal Central de São Paulo, n. 0089132-93.2015.8.26.0050, em trâmite na 8ª Vara Criminal Central de São Paulo, n. 0032270-05.2015.8.26.0050, em trâmite na 25ª Vara Criminal Central de São Paulo, n. 0046913-65.2015.8.26.0050, em trâmite na 28ª Vara Criminal Central de São Paulo, e n. 0100203-29.2014.8.26.0050, em trâmite na 30ª Vara Criminal Central de São Paulo, não estavam digitalizados. Os processos n. 0092097-44.2015.8.26.0050, em trâmite perante a 29ª Vara Criminal Central de São Paulo, e n. 0091953-70.2015.8.26.0050, em trâmite perante a 21ª Vara Criminal Central de São Paulo, estavam disponíveis *on-line*. Para acessar, é preciso cadastrar-se no *site* do TJSP como advogado ou servidor do Judiciário paulista. No fórum, consegui cópias dos autos das ações penais em trâmite na 28ª Vara Criminal e na 8ª Vara Criminal.

No fórum, fui informado de que esse processo da 21ª Vara Criminal foi digitalizado, mas é sigiloso, razão pela qual não foi possível acessar diretamente o seu conteúdo. Dirigi-me, então, ao gabinete da juíza responsável pelo processo. Expus a ela o objeto do meu trabalho e adiantei que não pretendia ter acesso a nenhum documento relativo à intimidade das pessoas acusadas, bem como a minha intenção em não expor seus nomes. No entanto, a magistrada afirmou que o sigilo se justificava em razão do interesse das partes e não do Juízo. Indaguei se, com autorização das partes, poderia ter vista dos autos, e a resposta foi afirmativa.

Elaborei, então, um ofício explicando o objeto do meu trabalho, a necessidade de vista dos autos e o anonimato com que trataria os envolvidos. Deixei meus contatos, coloquei-me à disposição para esclarecer a pesquisa e meus objetivos e pedi que as partes se manifestassem (não sabia quem eram todos os acusados nem não tinha como confirmar os nomes de seus advogados). Contudo, depois de duas idas ao gabinete sem que houvesse tempo para me receber devido ao acúmulo de tarefas, resolvi deixar o documento com a sua assessora. Mais de um mês depois, fui informado de que a juíza determinou a juntada do ofício nos autos e que deliberaria. Isso foi em novembro de 2015. Até o momento, não fui comunicado formalmente do resultado, mas, em setembro de 2016, os funcionários da secretaria me disseram que o Juízo havia despachado no sentido de que, se eu obtivesse a concordância por escrito das partes, poderia ter vista do processo. Como última tentativa, no início de dezembro de 2016, dirigi-me ao gabinete, quando fui informado pela magistrada sobre a necessidade de concordância escrita de todas as partes previamente à intimação delas para se manifestarem sobre o meu pedido. Isso, infelizmente, não foi possível devido à troca de defensores e a alguns advogados que, procurados, não retornaram meus contatos por *e-mail* e por telefone.

Entretanto, durante esse período, fui tentando consultar os outros processos que à época não eram sigilosos e, em um dos cartórios (da 8ª Vara Criminal Central), consegui ter acesso a uma carga rápida dos autos para extração de cópias, inclusive do CD contendo o PIC 3/13.

A partir da leitura desses documentos, localizei registros sobre outras ações penais, ações civis, processos administrativos de demissão e inquéritos policiais. Essa relação, importa ressalvar, não é precisa, porque os feitos, em sua maioria, são sigilosos e não estão tramitando em um único local, nem são localizados em uma busca no cartório distribuidor do fórum. Além disso, segundo relataram os entrevistados, havia outras demandas que ainda seriam propostas (entrevistas 1 e 2).

Em face da dificuldade de exame do material e dos recursos que tinha para uma pesquisa individual, decidi limitar minhas unidades de análise aos procedimentos criminais a que tinha acesso, já ciente de que essa análise documental dificultaria possíveis comparações entre os objetos de ações civis e criminais, bem como descrições sobre o caso em sua totalidade.

Como um primeiro passo, resolvi proceder a uma leitura dos documentos em busca de dados sobre a interação institucional, tendo em mente as prévias descrições da literatura que apontavam a existência de relacionamentos interinstitucionais e intrainstitucionais.

A partir dessa leitura, elaborei questionários para entrevistas semidiretivas com os atores dos processos. Entendi que as narrativas dos agentes públicos e dos advogados sobre as experiências que tiveram no processo seriam um bom meio para apreender interações ou conflitos que poderiam não estar formalizados, compreender fatores conjunturais subjacentes às suas manifestações no processo e suprir a falta de cópias dos processos na reconstrução do caso. Também objetivava com isso realizar uma abertura para hipóteses novas a partir dos elementos que surgiriam nas falas dos atores dos processos. Isso porque, como afirma Pires (2008, p. 179), se "a instituição torna visível ou acessível o enredo, fazendo uma pré-construção dele", ela, ao mesmo tempo, "participa do enredo".

Depois da coleta dos dados, notei que os processos judiciais estavam em fase inicial. Em nenhum deles haviam sido proferidas sentenças de mérito em primeiro grau, razão pela qual minha narrativa teve de ser limitada à descrição das fases iniciais do processo de responsabilização.[29]

Isso possibilitou que várias informações sobre o funcionamento do sistema de justiça viessem à tona, e me guiou para a ideia de um estudo voltado para as escolhas que o Ministério Público faz antes de oferecer as denúncias (dados que estavam disponíveis para manuseio).

A narrativa que faço, portanto, começa na fase de monitoramento e termina no limiar da fase de responsabilização criminal, com o oferecimento das denúncias, tendo como objeto de observação o PIC 3/13. Nela, não sigo uma ordem cronológica, mas, sim, temática.

A escolha pela observação do PIC 3/13 se deu depois de perceber que esse procedimento é uma raiz comum aos demais. Foi no contexto dele que ocorreram os atos de investigação originários da primeira ação penal, proposta

[29] Muito embora no plano administrativo já tenham ocorrido demissões dos funcionários públicos envolvidos, esses procedimentos ainda poderiam ser contestados judicialmente.

antes das ações civis. Foi nele que ocorreram as trocas de informações com a Controladoria-Geral do Município para as sindicâncias que redundaram nos processos administrativos disciplinares.

Essa gênese é observável porque as novas ações penais, quando propostas, contaram com pedidos de distribuição por prevenção ao juízo do primeiro processo, e foram instruídas com uma cópia do mencionado PIC.

Além disso, procedi ao exame das decisões judiciais que tratavam da competência e do recebimento ou rejeição da denúncia, procurando entender como o Judiciário reagiria à postura do Ministério Público de atribuir aos acusados o crime de concussão, de dividir as ações e de pedir para que tramitassem em conjunto.

Em síntese, separei duas unidades de análise documental (PIC 3/13 e conjuntos de denúncias e decisões respectivas) e as examinei em conjunto com entrevistas semidiretivas.

Ouvi sete pessoas, em seis entrevistas, com duração média de uma hora e trinta minutos. Todas elas atuam ou atuaram no caso dos fiscais do ISS. São autoridades públicas e advogados de pessoas físicas e jurídicas, que estão em diferentes situações nos procedimentos.

Extraí do caso dados sobre como ocorreram as estratégias do Ministério Público para identificação dos autores dos crimes e para processá-los. Com base nelas, faço observações sobre o funcionamento do sistema de justiça criminal.

2.
RESULTADOS DA PESQUISA – O CASO DO ISS

Em uma portaria datada de 14 de maio de 2013, três promotores integrantes do Grupo Especial de Delitos Econômicos do Ministério Público de São Paulo (Gedec) formalizaram a instauração de um procedimento de investigação criminal (PIC) para apuração "rigorosa e sigilosa" (fls. 6)[30] de "um grande e complexo esquema criminoso instalado na Subsecretaria Municipal da Receita, especificamente na Diretoria de Arrecadação e Cobrança de Prefeitura de São Paulo, para fraudar o recolhimento de ISS" (fls. 3).

Os fatos haviam sido descritos um mês antes por testemunha que pediu para não ser identificada temendo retaliações de funcionários públicos. Em seu depoimento, ela informava a exigência do pagamento de propina para liberação do certificado de quitação do ISS. A portaria narra que "os fiscais corruptos se aproveitavam da situação de urgência das construtoras que, pressionadas para entregar os imóveis, acabavam por realizar o pagamento de forma ilegal. Caso houvesse resistência em proceder da forma indicada pelos servidores, o prazo para emissão do certificado seria indefinido" (fls. 4).

É preciso ter em mente que os certificados de quitação do ISS são exigidos para a obtenção de outro certificado, o de conclusão da obra, chamado popularmente de "habite-se". Sem essas licenças, a ocupação do imóvel não é permitida. As construtoras, com as unidades prontas, não podem entregar as chaves e transmitir a propriedade para os compradores antes da obtenção desses documentos.

O ISS, na construção civil, é apurado por meio de uma pauta fiscal. Isso significa que a base de cálculo não é o valor efetivo do serviço prestado, mas um montante preestabelecido em uma portaria da Secretaria de Finanças.

[30] Todas as folhas indicadas doravante se referem à numeração do PIC.

Antes de executar as obras, as construtoras têm de informar à prefeitura o tipo de empreendimento que realizarão e a área a ser construída. Esses dados ficam armazenados em um sistema e são consultados pelos fiscais que apuram o valor devido de ISS.

O cálculo começa com a multiplicação da área total do empreendimento pelo valor do metro quadrado de mão de obra estabelecido na pauta fiscal. Aí se tem o total de ISS devido à prefeitura.

No entanto, muitos serviços prestados no canteiro de obras são terceirizados, de modo que o ISS já é embutido no preço cobrado das construtoras e recolhido pelos prestadores. Nessa situação, a empresa pode apresentar ao Departamento de Arrecadação as notas fiscais emitidas pelos prestadores para deduzir tais valores do total devido de ISS, pois já houve a tributação, antecipadamente.

Os funcionários desse departamento são encarregados de checar se as notas fiscais estão corretamente preenchidas, se o imposto foi recolhido pelo prestador de serviço e de proceder ao novo cálculo do montante devido, já com os abatimentos.

Na portaria de instauração do PIC, consta que, para "verificar a veracidade das informações prestadas" (fls. 5), o Gedec teria realizado pesquisas em *sites* de grandes construtoras para localização de imóveis com prazo de conclusão próximo e, "aleatoriamente, identificou alguns que poderiam estar nas condições descritas pelo depoente" (fls. 5). Além disso, foram providenciadas certidões de registros de imóveis em nome de dois investigados.

Os promotores determinaram, entre outras diligências, que se aguardasse a resposta a um ofício expedido para a Secretaria de Finanças e Desenvolvimento Econômico do Município de São Paulo indagando sobre o procedimento para emissão do certificado de quitação do ISS, bem como as certidões de registros de imóveis de investigados.

Também foi determinada a intimação dos responsáveis por diversas empresas, para que prestassem esclarecimentos e enviassem cópias das notas fiscais e guias de recolhimento do ISS. Junto com a documentação, foi requisitada a apresentação do "funcionário responsável pela obtenção do Certificado de Quitação do ISS" (fls. 8).

Se começara, naquele momento, a apuração dos fatos noticiados como o caso da "máfia dos fiscais do ISS", o PIC terminou com uma extensa denúncia que, ao longo de 125 páginas, imputa a fiscais e seus familiares a prática dos crimes de associação em organização criminosa, concussão e lavagem de dinheiro.

O grupo dos fiscais é composto do antigo Subsecretário de Finanças de São Paulo (acusado A) e de funcionários e ex-funcionários da atualmente denominada Divisão do Cadastro de Imóveis (DICI-4), setor responsável pela emissão dos certificados de quitação do ISS.

A tese do Ministério Público é de que, entre 2007 e o final de 2009, A, que então ocupava o cargo de diretor de departamento, um chefe de departamento (acusado B) e um auditor fiscal (acusado C) teriam se unido para exigir o pagamento de propinas.

No momento de proceder ao cálculo do ISS com os abatimentos, os fiscais teriam apresentado dois números para as construtoras. Um dos montantes, em valor maior, desconsideraria a maior parte das notas apresentadas. As despesas já pagas com ISS eram glosadas e não se permitia nenhuma contestação a respeito dos motivos da glosa.

O outro total era calculado considerando a maioria das notas, com o acréscimo de 50%, "a título de vantagem indevida" (p. 8 da denúncia). O auditor fiscal C, que teria interagido com as construtoras, exigiria o montante desse segundo cálculo.

Caso a empresa optasse pelo pagamento da guia com o valor a maior de tributo, B e C informariam que "a emissão do certificado iria demorar, não fornecendo qualquer previsão de data" (p. 10 da denúncia). Caso a opção fosse pelo valor menor, com os abatimentos reconhecidos, os fiscais exigiam o recolhimento de "apenas um pequeno percentual do tributo", entre 2% e 10%, "sendo exigido que a diferença fosse paga em espécie, a título de vantagem indevida" (p. 10 da denúncia).

Haveria a prática de concussão. Isso porque, "ao condicionar a emissão do certificado com o pagamento de vantagem ilícita, os denunciados colocavam a vítima em situação de iminente prejuízo, pois, caso houvesse atraso na entrega das chaves, os adquirentes e/ou instituições financeiras poderiam ajuizar ações para reparação por danos materiais e morais, gerando grande prejuízo ao empreendedor" (p. 10 da denúncia).

Assim, "sem opção, muitas construtoras cederam às exigências e pagaram vantagem ilícita", "única alternativa para obter o Certificado de Quitação do ISS e realizar a entrega das chaves aos adquirentes" (p. 10-11 da denúncia).

As exigências cessaram durante o ano de 2010, mas, no período entre o final daquele ano até outubro de 2013, o esquema delituoso teria voltado a ocorrer, com duas modificações: haveria outros dois fiscais participando, em substituição do acusado B, que teria sido exonerado por desavenças com um dos envolvidos. Além disso, nessa nova fase, uma parte das propinas não foi paga em espécie. Os auditores teriam contado com a participação de suas esposas para abrir empresas emissoras de notas, para as construtoras, por serviços não prestados, possibilitando o recebimento de altos montantes.

A denúncia afirma que, "nesta segunda fase do esquema criminoso", uma das empresas envolvidas, "por atuar no mercado com capital aberto e comercializar ações na bolsa de valores, adotou a postura de não realizar despesas que não estivessem fundamentadas em notas fiscais" (p. 46 da denúncia). Por esse motivo, as propinas passaram a ser pagas por meio de empresas e apenas excepcionalmente em espécie.

Um segundo grupo de pessoas, acusadas em outras denúncias, envolve funcionários da prefeitura que teriam intermediado o pagamento de propinas entre as empresas e o grupo de fiscais. Esses funcionários teriam recebido uma porcentagem do montante correspondente à propina. Também foram denunciados prestadores de serviço que figuravam em contratos sociais das empresas dos acusados, eram titulares de bens, e, por isso, teriam auxiliado o grupo de fiscais na destinação dos montantes recebidos, praticando lavagem de dinheiro junto deles.

O panorama é esse.

Agora a pesquisa retrocederá a momentos anteriores à instauração do PIC, passará pela descrição de como as investigações ocorreram e avançará até a apreciação judicial das denúncias, visando a aprofundar a compreensão de duas atuações institucionais: o processo de formulação de uma petição inicial criminal, envolvendo a escolha de quem serão os acusados, e o oferecimento de acusações subsequentes, em circunstâncias semelhantes, atribuindo crimes a um grupo relativamente homogêneo de pessoas. O estudo procura entender como os portões do sistema de justiça criminal são abertos para determinado número de indivíduos.

Ora, o oferecimento de uma denúncia não decorre de um automatismo. As suposições de que o Ministério Público propõe uma ação penal quando existir elementos suficientes de materialidade e autoria e de que a adita quando tomar conhecimento de novos fatos precisam ser examinadas com atenção, porque decorrentes de uma ação humana, realizada em determinada conjuntura.

A avaliação sobre a existência de pressupostos processuais e condições da ação não é estéril, não se trata de apenas construir um silogismo a partir das provas. Como observa Coutinho (1998, p. 186), as normas processuais aplicáveis abrem um "largo espaço à exegese, à adequação objeto/regra, à relação semântica", razão pela qual o intérprete possui papel fundamental. O autor destaca "o espaço a ser preenchido pela subjetividade", e nesse "passo, como parece sintomático, o direito depende dos homens; e não das leis" (COUTINHO, 1998, p. 186).[31] Não é preciso separar essas duas instâncias e negar uma delas, importa notar que o direito depende não só das leis, mas, também, das pessoas que as interpretam, no contexto que o fazem.

O esforço que se faz neste trabalho é para captar escolhas feitas pelo Ministério Público e relacioná-las com fatores conjunturais, razão pela qual, nas próximas linhas, apresento o caso do ISS e seu contexto. O primeiro tópico diz respeito à multiplicidade institucional e à possibilidade de diferentes configurações de órgãos públicos agirem em casos, indicando ser flexível a estratégia de atuação nas esferas administrativa, civil ou criminal. O segundo se refere à ação de monitoramento da Controladoria como o início das investigações. O terceiro trata de como as investigações foram concebidas, considerando a dificuldade na colheita de provas de corrupção por meio dos agentes privados. O quarto examina como o Ministério Público procurou criar um ambiente de segurança para que os depoimentos ocorressem sem medo de represálias. Por represálias, refiro-me a acusações no caso de confissões de pagamento de propinas.

Em quinto lugar, aponto o papel da fase ostensiva, com divulgação na imprensa e prisões, no esforço da colheita de provas. Na sequência, observo como o Ministério Público tomou os depoimentos dos representantes de construtoras. Depois, trato dos resultados das investigações e da formulação de denúncias, para, ao final, abordar as discussões judiciais sobre a competência dos juízos e as diferentes visões sobre o papel dos juízes no combate à corrupção.

[31] O autor ressalva que "a obrigatoriedade do Ministério Público [em] promover a acusação não está colocada de forma absoluta, uma vez que só se obtém a tutela jurisdicional, quando do exercício da ação, se presentes as chamadas questões prévias, incluídas aí as condições da ação e os pressupostos processuais analisáveis no juízo de admissibilidade" (COUTINHO, 1998, p. 185). Para ele, "o tal princípio da obrigatoriedade, ainda que fosse possível pensar estar atrelado ao princípio da legalidade, deve ser relativizado, já que um Processo Penal democrático tem, antes de mais nada, o objetivo de atender ao interesse público", mas que "relativização, a fim de atender o interesse público, não implica em se admitir a sua manipulação" (COUTINHO, 1998, p. 186). Esse assunto é tratado com maior atenção no Capítulo 3.

2.1. O ambiente

> É como se fosse assim mesmo, quando você pensa em poder público e em máquina ser pesada, quando ela está atuando assim com azeite, ela devasta, ela passa assim mesmo e você não segura. (Entrevista 1)

O caso do ISS se desenvolve em um ambiente de *multiplicidade institucional*. A pesquisa ilustra a flexibilidade que as instituições possuem para definir diferentes abordagens em casos de corrupção. Isso porque parece ficar a cargo das instituições de controle a definição de quais serão os atores participantes de uma investigação, bem como de qual tipo de responsabilização (se penal, administrativa ou civil, ou se todas elas) será promovida (entrevista 5).

Com efeito, o pagamento/recebimento de propinas, *per se*, é considerado na legislação brasileira ato de improbidade administrativa, uma infração disciplinar (do *intraneus*) e um crime, ou seja, um mesmo fato pode gerar uma ação civil, um processo criminal e um processo administrativo de demissão.

Além disso, um mesmo contexto factual pode gerar diversas consequências acessórias. O lançamento contábil das propinas sob a rubrica de algum tipo de despesa pode ser glosado, caracterizando infração tributária. Depois do recebimento do suborno, caso existam atos de ocultação, dissimulação e tentativa de reinserção dos valores, também se pode enfrentar uma acusação por lavagem de dinheiro. A prática de condutas em concurso, se houver divisão de tarefas e hierarquia (como usual no contexto empresarial), é considerada, com frequência, permanência em organização criminosa.[32]

O *enforcement* desse emaranhado de leis não é feito por uma mesma instituição, "existem dezenas de órgãos que [...] baseados em diferentes quadros normativos, desempenham as funções de monitorar, investigar, responsabilizar e sancionar – de modo concomitante ou sucessivo" pessoas e, em alguns casos, empresas, por atos de corrupção (MACHADO e PASCHOAL, 2016, p. 13).

Ao pensar a aplicação do direito sancionador sob o ponto de vista da legalidade estrita, todas as instituições deveriam atuar e promover todos os tipos de responsabilização possível, mas o modo "como a legislação anticorrupção brasileira está construída torna *praticamente impossível* prever qual seria o percurso de um potencial ato de corrupção pelas instituições que

[32] Tenho diversas ressalvas quanto a essa associação entre organizações empresariais e organizações criminosas, que, todavia, fogem ao objeto deste trabalho.

atuam em procedimentos administrativos, civis e criminais" (MACHADO e PASCHOAL, 2016, p. 13).[33]

Nesse ambiente de multiplicidade, não existe uma norma regendo a interação entre as instituições. Ela, portanto, nem sempre é coordenada, porque se trata de ações conjuntas tomadas por *pessoas* autônomas. Não se pode falar em "um" Ministério Público, uma Controladoria ou uma Procuradoria, pois cada membro possui uma forma de atuar que pode ser mais ou menos ajustada à das demais instituições. Ainda que exista uma ideia comum de combate à corrupção, o resultado das diligências é influenciado pela qualidade dessa interação.[34]

Outro fator a ser considerado é que cada carreira pretende reforçar sua posição, ou seja, as instituições pretendem tornar-se mais importantes, receber maiores recursos e não perder espaço para outras em um contexto de competências sobrepostas (entrevista 1).

A despeito de não existir normas definindo essas ações coordenadas, há um *locus* de troca de experiências e *networking* (entrevista 1). Alguns dos atores já se conheciam, foram apresentados ou sabiam do trabalho dos outros em virtude da Estratégia Nacional de Combate à Corrupção e à Lavagem de Dinheiro (Encla), um fórum promovido pelo Ministério da Justiça para aproximar membros das instituições e debater melhores práticas na prevenção, detecção e repressão dos mencionados delitos (entrevistas 2 e 5).

Como se percebe, a ação conjunta não é uma regra nem existe um procedimento específico para disciplinar as interações entre as instituições e entre os membros de uma mesma instituição.

No entanto, no caso do ISS houve bem-sucedidas "parcerias" (entrevista 1) entre o Ministério Público, a Controladoria-Geral do Município e a Procuradoria do Município de São Paulo.[35] As ações civis foram movidas em conjunto pelo órgão ministerial e a advocacia pública, que, a pedido dos promotores, deixou de habilitar-se como assistente de acusação (entrevista 1).

[33] Embora tais observações tenham sido feitas a partir do exame do arranjo institucional anticorrupção na esfera federal, elas, ao menos no caso do ISS, também ilustram a forma com que o sistema de justiça funcionou em um caso em trâmite perante a Justiça Estadual.

[34] "Essa articulação é feita muito mais com base na harmonia, na empatia entre as pessoas, do que uma coisa institucional" (entrevista 5).

[35] Ao mencionar a criação de um "grupo de trabalho" "destinado a auditar, revisar efetuar os lançamentos do ISS decorrentes de pedidos para expedição dos certificados de quitação", o Secretário de Finanças menciona a "ação executada por esse D. Órgão do Ministério Público Estadual, em conjunto com a Controladoria-Geral do Município [...] revelando suspeitas da prática de ilícitos pretensamente praticados por quatro auditores fiscais tributários municipais" (fls. 1.334).

A Controladoria, como se verá melhor no item 2.2, foi quem deu início ao caso do ISS e, mediante intercâmbio de provas, conduziu as sindicâncias disciplinares paralelamente às investigações. O bom relacionamento e o respeito entre os membros da Controladoria e os promotores é indicado como um dos fatores explicativos do sucesso do caso (entrevistas 2 e 5).

A pesquisa revelou, também, que nesse ambiente de multiplicidade e sobreposição de tarefas há especialização intrainstitucional. As investigações correram em um procedimento interno do Gedec, bem como em inquéritos civis públicos que tramitaram na Procuradoria do Patrimônio Público, no mesmo Ministério Público. A formação do Gedec, aliás, é um indicativo de como o *Parquet* do estado de São Paulo tem se organizado.

O grupo nasce como uma especialização da especialização. A equipe foi recrutada dentro do Grupo de Atuação Especial de Combate ao Crime Organizado (Gaeco). Este, por sua vez, está focado na atuação contra o crime organizado, criado em 1995 em São Paulo e hoje presente nos quadros do Ministério Público de vários estados. Com o passar do tempo, os membros do Gaeco concluíram que "ter uma visão mais específica dos aspectos econômicos da organização criminosa era um viés muito eficaz do combate àquela organização criminosa" (entrevista 2). O método de "combater a organização criminosa através do seu fluxo econômico-financeiro se mostra bastante eficaz, e aí se teve a ideia de se criar o Gedec, que era um grupo dentro do Gaeco".[36]

Os atores se enxergam em um "mundo massificado" (entrevista 1) com recursos escassos e, por isso, entendem necessário priorizar situações, pois os agentes fiscalizam um número muito grande de funcionários públicos municipais[37] em uma equipe pequena. Devido à demanda, não conseguem "dar efetividade, dar sequência a todos os casos", fazendo com que todos eles "caminhem com qualidade ao mesmo tempo" (entrevista 2). Os casos não prioritários seguem o trâmite normal e ficam aguardando pedidos e respostas para quebras de sigilo e informações (entrevista 2).

Nas investigações de corrupção, as instituições adotariam uma postura proativa (entrevista 1), aliando tecnologia com estratégia, diferente da

[36] O grupo de promotores adota um método de detecção do caminho por onde circula a riqueza oriunda da prática criminosa, normalmente focado em investigações de lavagem de dinheiro e na detecção de cartéis. O avanço recente do Gedec foi creditado a um aprimoramento do exame sobre a incompatibilidade patrimonial (entrevistas 1, 2 e 5).

[37] Uma busca no portal de transparência do município de São Paulo indica que há mais de 125 mil servidores públicos ativos apenas na administração municipal direta. Cf. http://transparencia.prefeitura.sp.gov.br/funcionalismo/. Acesso em: 2 maio 2021.

postura reativa que ocorreria em outros casos. A complexidade das investigações é muito maior. Nos casos de crimes contra o patrimônio ou de tóxicos, normalmente há um flagrante e, no máximo, é necessário ouvir testemunhas para concluir o caso, com as discussões girando em torno de teses amplamente debatidas, como concurso de agentes, agravante no uso de armas de brinquedo e desclassificação.

Já as investigações sobre corrupção são projetadas, montadas, *construídas* (entrevista 2) e envolvem uma *estratégia* de atuação (entrevista 1). Os agentes planejam antes como será a investigação, e por isso precisam entender como determinado setor funciona normalmente, quais são as anomalias e, a partir daí, localizar os responsáveis.

O Ministério Público é apontado como responsável por conduzir investigações internas em situações excepcionais, pois o órgão "competente constitucionalmente para fazer investigações é a Polícia Civil" (entrevista 2). O órgão ministerial possui poder e recursos para atuar excepcionalmente, sem concorrer com a Polícia, que pode "replicar" investigações bem-sucedidas para descobrir novos autores de um mesmo *modus operandi* (entrevista 2).

A Polícia teve um papel acessório, como executor de ordens judiciais,[38] e depois da conclusão das diligências, de replicador de investigações envolvendo obras não diretamente relacionadas com as tratadas no PIC 3/13 e em outros procedimentos internos dele decorrentes.

2.2. Da incompatibilidade patrimonial para o comércio da função pública

O caso do ISS chega ao Ministério Público por meio de uma ação de monitoramento[39] da Controladoria, revelando a discrepância entre o patrimônio de funcionários públicos municipais e seus rendimentos. O início das

[38] Até mesmo os depoimentos colhidos dentro das delegacias foram conduzidos e presididos pelos promotores, cabendo à autoridade policial apenas a função de secretariar os atos.

[39] Para uma descrição sobre as tarefas envolvidas na aplicação das leis anticorrupção, indico Machado e Paschoal (2016, p. 22), que definem monitoramento como "procedimentos que não têm um alvo específico e são conduzidos de modo a identificar irregularidades a serem posteriormente investigadas. Seu principal objetivo é identificar pontos fora da curva, coletar dados preliminares e elaborar relatórios que serão encaminhados para outras unidades institucionais que poderão utilizar essas informações para desempenhar tarefas de investigação, responsabilização e imposição de sanções".

investigações se confunde com a instalação dessa instituição em São Paulo.[40] Ela recebe, do ato normativo de sua criação, amplas competências, entre as quais a de "acompanhar a evolução patrimonial dos agentes públicos do Poder Executivo Municipal, com exame sistemático das declarações de bens e renda, [...] instaurando, se for o caso, procedimento para a apuração de eventual enriquecimento ilícito" (SÃO PAULO, 2013a).[41]

Essa apuração já era tarefa da Proced, órgão da Procuradoria do Município que não se extinguiu para a criação da Controladoria, embora tenha adaptado as suas funções. Antes da instalação desta, a Procuradoria-Geral do Município possuía competência, agora dividida com o Controlador-Geral, para instaurar sindicâncias e procedimentos disciplinares (art. 4º, II, do Decreto n. 27.321/1988).[42]

[40] Depois de vencer as eleições em 2012, o então Prefeito de São Paulo convidou um funcionário experiente do governo federal para atuar como o primeiro Controlador-Geral do Município (entrevistas 1, 2 e 5). A Controladoria-Geral seria instalada em São Paulo com a promessa de que não haveria ingerência política nos seus trabalhos e com a demanda de resultados práticos decorrentes das investigações sobre funcionários públicos municipais. O controlador apresentou-se, em reunião, para representantes de órgãos de controle e, nesse contexto, encontrou com membros do Gedec afirmando a necessidade de um trabalho conjunto das duas instituições. Ante uma dúvida dos promotores sobre se essa atuação conjunta se manteria mesmo que uma investigação tivesse por alvo funcionários do alto escalão da prefeitura, o controlador assegurou que contava com o apoio irrestrito (entrevista 2).

[41] A criação desse ente se deu por meio da Lei Municipal n. 15.764, de 27 de maio de 2013. A instauração do procedimento de investigação do Ministério Público, por sua vez, é datada de 5 de maio de 2013, e o primeiro compartilhamento de informações entre o Ministério Público e a Controladoria ocorre já em 5 de junho de 2013. O controlador-geral se submete apenas ao prefeito, e possui amplos poderes. Além de poder determinar a instauração de "apurações preliminares, inspeções, sindicâncias e demais procedimentos disciplinares de preparação e investigação, inclusive inquéritos administrativos para o exercício da pretensão punitiva", ele pode requisitar processos arquivados e "avocar procedimentos e processos em curso perante a Administração Pública Municipal, para exame de regularidade, determinando a adoção de providências, ou a correção de falhas" (art. 138, II, da Lei n. 15.764/2013).

[42] No âmbito da Procuradoria-Geral, os trabalhos ocorrem por meio de Comissões Processantes Permanentes do Departamento de Procedimentos Disciplinares (Proced), da Procuradoria-Geral do Município. Segundo a Portaria n. 12/15 da Procuradoria-Geral do Município, compete à Proced representar o município em processos judiciais decorrentes dos procedimentos disciplinares. Assim, cabe a essa comissão representar a municipalidade em pedidos de prova ou processos judiciais envolvendo questões disciplinares, improbidade, ações criminais, procedimentos de repatriação de ativos e foros anticorrupção. A edição da referida portaria coincide com um esforço de coordenação entre os procuradores do município e a Controladoria-Geral. A Controladoria foi vista como um ente novo, bem aparelhado e que contava com uma equipe multidisciplinar para apuração de irregularidades. Os auditores chegam para desempenhar funções semelhantes às dos procuradores, ocasionando uma natural "disputa política de poder" (entrevista 1) que acabou sendo solucionada com uma divisão de tarefas:

Os membros da Controladoria selecionam situações que entendem ser grandes o suficiente para submeter diretamente aos grupos especializados do Ministério Público. O envio ao órgão ministerial está relacionado com casos mais complexos, em que há necessidade de obtenção de quebras de sigilo e outros métodos de investigação dependentes de autorização judicial. Os casos mais simples, em que se considera possível a prisão em flagrante, são solucionados por meio da ação conjunta com a Polícia Civil (entrevista 5).

No caso do ISS, a Controladoria planejava fazer uma ação importante para mostrar aos funcionários públicos que as fiscalizações chegariam a todos e que a instalação do órgão não seria uma propaganda de governo. Devido à complexidade do caso que projetava, entendeu-se necessário contatar os membros do Gedec.

Todavia, examinando o que está formalizado no PIC, bem como o relatório final do procedimento disciplinar de preparação e investigação das condutas funcionais dos funcionários suspeitos (fls. 2.737/2.806), uma impressão que se poderia ter é de que as diligências feitas pelo Ministério Público e pela Controladoria foram autônomas e que, por acaso, houve apurações conjuntas.

O relatório final não fala nada sobre ações conjuntas, menciona que a instauração se deveu a uma "denúncia anônima em face dos auditores fiscais tributários municipais [...], os quais são citados como participantes de esquema de exigência de propina de construtoras, para emissão do certificado de quitação do ISS, documento esse necessário à expedição de certificado de conclusão de edificação – 'habite-se'" (fls. 2.742).

Antes da instauração do PIC e não apenas por causa de uma denúncia anônima, no entanto, a Controladoria já possuía um material importante em mãos (entrevistas 1 e 5). O trabalho consistiu em um cruzamento de dados públicos, para evitar a necessidade de um pedido de quebra de sigilo bancário ou fiscal,

A Controladoria ficaria encarregada do passo inicial, que é empregar tecnologia para as investigações no âmbito das sindicâncias; à Procuradoria competiria instaurar e processar os subsequentes procedimentos administrativos disciplinares e fazer a interface dos interesses do município, em casos de corrupção, com o Poder Judiciário. Além disso, a Procuradoria também passa a reivindicar, a partir da criação da Controladoria e do caso do ISS, o exercício de um papel "proativo", descrito como a possibilidade de ingresso de medidas judiciais pleiteando os interesses do município, como ações de improbidade, e também medidas cautelares. Essa reivindicação é descrita como necessária para a atuação da advocacia pública, para que não ficasse dependente das estratégias do Ministério Público.

e a partir de declarações dos próprios funcionários.[43] A esse cruzamento de dados foram aplicados diversos filtros, como análises sobre qual o perfil da função pública desempenhada, sobre quais funcionários eram sócios de pessoas jurídicas, bem como se o trabalho envolvia recebimento de valores dos particulares e sobre o nível de supervisão. Foram, ainda, observados quais funcionários já haviam sido mencionados em denúncias, sindicâncias e procedimentos disciplinares anteriormente (entrevistas 2 e 5).

Foi quando a Controladoria notou que os "fiscais do ISS" trabalhavam com pouca supervisão em um setor do departamento de arrecadação, cuja rotina era interagir com particulares para tratar de somas altas. Os casos das maiores construtoras eram distribuídos para o grupo, e a quantidade de imposto recolhida era mais baixa, comparando com a de outras obras. Tais pessoas pertenciam à lista dos funcionários públicos com maior discrepância entre bens e rendimentos. Já haviam sido feitas, no passado, algumas denúncias sobre irregularidades no setor. Uma delas acabara de ser arquivada por falta de indícios mais concretos (entrevista 5).

[43] Esse cruzamento de dados é uma prática relativamente recente, muito embora não seja tão nova a exigência da declaração de patrimônio aos funcionários da prefeitura. A Lei de Improbidade Administrativa dispõe que "a posse e o exercício de agente público ficam condicionados à apresentação de declaração dos bens e valores que compõem o seu patrimônio privado [...]" (art. 13 da Lei n. 8.429/1992). Essa declaração foi regulamentada, no âmbito federal, em 2005, dispondo sobre a possibilidade de a Controladoria-Geral da União (CGU) analisar, sempre que entender necessário, a evolução patrimonial do agente público. Verificada a incompatibilidade, a CGU pode instaurar ou requisitar a instauração de uma sindicância para apuração dos fatos. Todavia, no âmbito do município de São Paulo, a regulamentação só foi publicada em 21 de maio de 2013, por meio do Decreto Municipal n. 53.929/2013, dias depois da a instauração do PIC 3/13. A partir dessa data, foi criado o Sistema de Registro de Bens dos Agentes Públicos (Sispatri), portal na internet em que o funcionário pode entregar, "por meio do sistema eletrônico de registro de bens e valores, mediante o preenchimento das informações relativas aos seus dados pessoais, bens e valores, inclusive de seus dependentes, se existentes" (art. 3º do decreto).
Até essa implantação pela Controladoria-Geral, de acordo com um entrevistado, "era feito um controle patrimonial que era feito literalmente como se escrevesse num papel de pão, entendeu? Então um funcionário da prefeitura de São Paulo ele escrevia [...] lá o patrimônio: sou dono de um imóvel no valor de tal, sou titular de 50% da cota de tal pessoa jurídica [...], e entregava lá, e aí se batia, se bate no peito e se fala que é um controle da evolução patrimonial do servidor público [...]. De araque. E o que que ele fez? Ele, ele, é... Detectou, ele criou um sistema, informatizou essa declaração, tá"? Em um município com mais 140 mil funcionários, foi necessário "focar nos casos onde havia incompatibilidade associada à questão de poder de decisão", e o Ministério Público procurou subsidiar a implantação desse sistema de monitoramento de modo a "deixar todas as digitais do criminoso durante o processo de controle patrimonial dele" (entrevista 2).

O caso se inicia, formalmente, já com o depoimento de um empresário no Ministério Público, razão pela qual, mesmo depois das entrevistas, não foi possível compreender com certeza quais foram as medidas prévias a esse ato tomadas em parceria com o órgão ministerial e quais foram unicamente da Controladoria. Também não é possível compreender claramente as condições em que esse empresário chegou na Controladoria, ou no Ministério Público, e quais foram todas as diligências prévias realizadas no âmbito da Controladoria.[44]

Todavia, merece destaque o fato de que, embora o *dossier* da Controladoria indicasse fortes suspeitas, ainda assim não havia elementos demonstrando a ocorrência de corrupção. Isso porque a incompatibilidade patrimonial, "cotejo entre o salário do funcionário público e o patrimônio que ele ostenta", por si só, não acarreta responsabilidade criminal, mas é um indicativo da necessidade de investigações, "para saber de onde veio a fortuna do sujeito" (entrevista 2).

Assim, quando o caso chegou ao Gedec, os promotores inicialmente procuraram compreender como funciona a operação (no caso, o recolhimento de ISS) em circunstâncias normais e em que medida havia discrepâncias. A partir dessas anormalidades é que seria possível descobrir o *modus operandi* da corrupção, mas "não adianta a gente chegar para o juiz e falar olha eu quero a quebra e o sigilo bancário, eu quero busca e apreensão, eu quero isso, porque eu sei o que está acontecendo" (entrevista 2). É preciso provas, e nesse aspecto a oitiva dos particulares foi considerada algo decisivo para o êxito das investigações, pois seria possível colocar "no papel" aquelas suspeitas.

[44] Depois da oitiva desse empresário, a atuação conjunta prosseguiu mediante trocas de informações e intercâmbio de cópias de depoimentos e relatórios entre as instituições. A pareceria entre Procuradoria do Município (advocacia pública) e Procuradoria do Patrimônio (MP) também é relevante, pois foram movidas em conjunto ações civis por atos de improbidade.

2.3. Uma escolha pragmática

> A situação objetiva é a mesma. Eu paguei para ter a certidão. Ponto. O quadro fático é o mesmo. Nós podemos falar o seguinte: ele pagou, porque ele foi obrigado a pagar, internamente, ele estava numa situação em que ele falava o seguinte: se eu não pagar o meu empreendimento não vai ter o "habite-se". Então eu sou obrigado a pagar. E por outro lado, nós temos aquele que fala o seguinte: olha o cara está me apresentando aqui uma conta de 2 milhões, e ele está pedindo aqui um acerto de um. Vou pagar para pagar menos. Corrupção. A primeira é concussão e a segunda é corrupção. (Entrevista 2)

A pesquisa sobre o caso do ISS sugere que a qualificação dos fatos como crime de concussão não ocorreu no final das investigações, ou seja, na hora da formulação da denúncia. As diligências parecem ter rumado unicamente no sentido de comprovar a ocorrência desse delito, e um fator relevante para isso foi a forma como o caso foi concebido.

Como se viu, para o Ministério Público era necessário obter depoimentos esclarecendo a ocorrência do pagamento de propinas, para tanto justificar pedidos de diligências dependentes de autorização judicial, como quebras de sigilo e interceptações telefônicas, quanto obter novas informações e expandir as investigações.

Por outro lado, no contexto de crimes contra a Administração Pública, a diferença entre uma situação de concussão e de corrupção é vista como tênue para um observador externo que tenta reconstruir, *ex post*, os fatos. No âmbito de uma investigação, não é simples saber se o funcionário público exigiu ou solicitou uma vantagem indevida, bem como apreender se o particular pagou propina sentindo-se gravemente ameaçado ou se anuiu com o pedido.[45]

Os casos de corrupção são difíceis de investigar, pois "a situação objetiva é a mesma" entre os casos de corrupção e concussão: o pagamento de propina para a obtenção de um ato de ofício. Entre corruptores e vítimas de concussão, "só vai ser cinza, então se a gente vai para os cinquenta tons de cinza, sei lá quantos tons de cinza tem" (entrevista 2).

Essa zona cinzenta entre o que seria um ato de concussão e um ato de corrupção gera um constrangimento para que as vítimas reportem às autoridades o pagamento de propinas, mediante extorsão. Isso porque, caso

[45] Esse assunto será tratado com mais atenção no item 4.2.

o Ministério Público entenda que os relatos tratam de uma confissão de corrupção, o agente sai do depoimento "com uma denúncia de três anos, no mínimo", e tem a empresa quebrada pelo pagamento de tributos.

Era evidente para os entrevistados uma discrição muito grande na concessão dos certificados de quitação do ISS e que se estava cobrando propina, mas "as pessoas que estão sendo prejudicadas têm que sentar" e explicar a situação para as autoridades (entrevista 2).

Esse quadro está relacionado com a decisão, tomada no momento de concepção de como seriam as investigações, de adotar o critério de que a atitude de "falar a verdade" seria vista como a postura de vítima de concussão, e não de corruptor.[46] A partir daí, foi adotada a atitude de circular a informação de que seria "privilegiada a boa-fé de quem falar" (entrevista 2), por isso "quem tiver nessa situação venha e fale porque vai ser considerado como vítima" (entrevista 2).

O entrevistado 2 narrou haver estímulos diferentes para conseguir provas em um caso como o do ISS. Ou se colhiam depoimentos de vítimas que falam porque querem parar de ser extorquidas para poder seguir com seus negócios ou das pessoas envolvidas na corrupção.

Três fatores motivam uma pessoa que tenha praticado corrupção a falar. O primeiro é o "medo da prisão", o segundo a *preservação da família* e outro a *questão patrimonial*. Diante de uma "falta de efetividade por parte do Judiciário de se punir", crimes danosos como a corrupção não ensejam a prisão dos envolvidos, salvo (como foi dito à época) no caso da operação Lava Jato, e isso ocorre com base nos argumentos de que não se trataria de crimes violentos ou cometidos mediante grave ameaça.

Sobre essas estratégias, um entrevistado comenta que a manutenção de pessoas presas para celebrar acordos e a ameaça à família seriam altamente condenáveis: "você confessa ou eu prendo a sua mulher, isso é tortura". Mesmo em situações diversas dos crimes de colarinho branco, as mulheres dos autores de crime gozam, de alguma forma, dos produtos da atividade delituosa, daí a possibilidade da ameaça: "Você vai ser preso, prisão temporária. E nós vamos conversar. Se você me der a medida das coisas e partir para uma delação que me satisfaça, a sua prisão não vai ser prorrogada e a sua

[46] Também foi narrada a hipótese de que o caso foi considerado de concussão porque, fosse reputado como corrupção, o processo ficaria muito complexo, "um emaranhado jurídico penal, você não saberia para onde ir", e contaria com "advogados de banca mais conceituados do outro lado", o que poderia tornar os processos mais lentos (entrevista 1). Abordarei esse relevante aspecto no item 4.2.

mulher não vai ser processada [...]. É aquele dito célebre: *cherchez la femme*" (entrevista 4).[47]

Diante de um cenário incerto das autoridades sobre o que motivou o pagamento de propinas, se a extorsão ou um negócio bilateral, e da impossibilidade de obtenção de "mandados de prisão", "a leitura" do elemento subjetivo teria sido feita por "atos externos" (entrevista 2), dos quais o mais importante seria "falar a verdade" para as autoridades (entrevista 2). Os entrevistados usam de forma recorrente a expressão de que "vítimas se comportam como vítimas" (entrevistas 2 e 5),[48] querendo afirmar que os ofendidos, sentindo-se prejudicados com um crime, reportam os fatos às autoridades, com todos os detalhes que saibam. Com exceção dos crimes sexuais, em que há um constrangimento dos ofendidos em detalhar os fatos às autoridades, nas demais situações o ofendido deveria ter interesse em não ser prejudicado. Quando se é vítima uma vez, procura-se evitar que a situação se repita.

Um indicativo de quem seria vítima e quem seria autor de corrupção também se daria no ato em que o particular se apresenta para as autoridades. Considera-se "óbvio que a vítima que se apresentou antes da deflagração da operação, [...] não há nem o que se discutir do papel dele enquanto vítima" (entrevista 5). Já quando o empresário procura os órgãos de controle depois da deflagração da operação, é preciso "analisar caso a caso", pois ele pode estar adotando uma postura oportunista, e ainda existe aquele que, "mesmo depois da operação[,] continua não colaborando" (entrevista 5).

Outro dos entrevistados questiona esse critério, pois "a subsunção de um fato ao tipo incriminador da concussão independe, absolutamente, de como se posiciona a vítima. A vítima é vítima de concussão, ainda que ela não se veja como uma vítima de concussão" (entrevista 6). Como se estaria fazendo

[47] O entrevistado também abordou a operação Lava Jato para comentar a situação de um empresário que, ele imaginava, faria um acordo de colaboração, de qualquer jeito, porque "o rapaz está preso há mais de ano, a prisão preventiva se manteve, além de todos os limites possíveis previstos em lei. E se manteve porque ele não fazia isso da delação e não fazendo uso da delação, não se lhe permitiria meter uma tornozeleira eletrônica na canela e ir para casa" e ficar com "a mulher, que ele não via também havia mais de ano". Ele considera a delação premiada como algo "imoral", "a legislação mais pútrida que já vi desde que comecei a raciocinar em termos de direito", pois haveria um perdão do "bandido que delatou o irmão" e a permissão de que ele "carregue até para a vida [...] uma parte dos bens que ele sonegou" em concurso "com os doutores da lei" (entrevista 4).

[48] Um dos entrevistados disse que não havia ouvido diretamente essa expressão, mas sabia que ela "significa que se as pessoas derem para o Ministério Público aquilo que ele precisa para fazer vigorar uma ação penal contra funcionários públicos pela prática de concussão, então eles serão considerados como vítimas de concussão e não como autores de corrupção" (entrevista 6).

um "juízo atual sobre fatos pretéritos", seria um anacronismo "transferir o comportamento da vítima em 2013 para algo que aconteceu em 2007, como se isso fosse influenciar na subsunção" (entrevista 6).

Como se verá a seguir, as "vítimas" foram estimuladas, por meio da impossibilidade de acessar os autos e criar um "ambiente de segurança", a "falar a verdade".

2.4. A concepção do PIC 3/13

Como forma de implantar essa estratégia de considerar vítimas as pessoas que contassem o pagamento de propinas, os promotores convocaram representantes de entidades de classe da construção civil para duas reuniões, realizadas na sede do Ministério Público em São Paulo.[49]

O teor dessas reuniões não foi juntado aos autos do PIC, mas os entrevistados relatam que os representantes sindicais foram indagados sobre irregularidades na emissão de certificados de quitação do ISS, já que os funcionários públicos tinham alto grau de subjetividade, não se podia recorrer internamente e os funcionários teriam enriquecido (entrevistas 2 e 5). Porém, os membros do sindicato negaram qualquer tipo de problema, mesmo depois de serem informados sobre o tipo de postura que se pretendia adotar com quem reportasse o pagamento de propinas.

Esse episódio foi relatado, na denúncia, como decorrente de um "convênio para colaboração e troca de informações com o Sindicato da Habitação – Secovi" (p. 67 da denúncia). A reunião teria o escopo de dar conhecimento "acerca da possibilidade de representantes das empresas atuantes na área [...] serem vítimas e/ou estarem envolvidas em esquemas criminosos ligados ao recolhimento do ISS" (p. 68 da denúncia).

[49] Ofício encaminhado pelo sindicato para o Ministério Público retrata a situação: "Como é do conhecimento de V. Exa., a Diretoria do Secovi, atendendo a um convite, compareceu por duas vezes ao vosso gabinete para ouvi-lo a respeito de investigações que estavam se processando sobre ações ilícitas, caracterizadoras do crime de corrupção, que estariam sendo praticadas no âmbito da Prefeitura de São Paulo, especialmente com relação à cobrança de Imposto sobre Serviço. Nas reuniões havidas foi avençado que o Sindicato realizaria reuniões com empresas para expor aquelas ocorridas com V. Exa. Por duas vezes, em nossa sede, várias empresas estiveram com a Diretoria, oportunidade na qual foi transmitido o teor dos nossos encontros no Ministério Público" (fls. 1.322).

Um empresário (a testemunha intitulada como X – fls. 13/16) já havia dado um depoimento que permitiu a instauração do procedimento de investigação criminal e, a partir dele, foi requerido e deferido o afastamento do sigilo telefônico dos fiscais. Então, o monitoramento captou uma ligação de um homem não identificado para um dos fiscais contando que houve uma reunião com os promotores e que eles estariam oferecendo "delação premiada lá pros empresários" (p. 69 da denúncia), mas que nada havia sido revelado.

O comportamento de negação dos empresários foi compreendido de duas formas: por um lado, decorrente do temor na admissão dos pagamentos de propinas e nas consequências graves que poderiam ocorrer se essa admissão fosse considerada relato de corrupção; por outro, houve uma indignação, porque o sindicato tem um papel político relevante, seus membros têm assento com os prefeitos, influenciando até mesmo a indicação das secretarias de governo. Então, um caso de exigência de propinas que durou anos poderia ter sido alertado pela entidade para autoridades hierarquicamente superiores no âmbito do Poder Executivo ou, ao menos, ser revelado nas reuniões (entrevistas 2 e 5).

Os entrevistados narram que, na hora em que a colaboração do sindicato era importante, os membros negaram os fatos, deixando para se manifestar posteriormente (fls. 1.080), por escrito, por meio de uma lista de sugestões para evitar a corrupção. Houve também um convite para que as autoridades fossem a um congresso falar sobre a corrupção na construção civil, depois que as investigações haviam sido concluídas.

Por outro lado, é preciso destacar que o PIC tramita sob a presidência do Ministério Público. Embora exista um prazo de noventa dias para o término das investigações (art. 12 da Resolução n. 13/2006 do Conselho Nacional do Ministério Público [CNMP]), esse período pode ser estendido desde que o membro encarregado das investigações justifique a necessidade da prorrogação.

Essas investigações internas são mais propícias a seguir um rumo dedutivo, pois cabe unicamente ao órgão acusador decidir quais são os próximos passos das diligências, embora, havendo necessidade de medidas dependentes de autorização judicial, o Ministério Público tenha que enviar um pedido sigiloso ao juiz, que passa a tramitar como uma medida cautelar.[50]

[50] Um dos entrevistados aborda essa questão para afirmar que a investigação feita Polícia, e não diretamente pelo Ministério Público, é mais passível de controle e abertura para novas possibilidades de enquadramento dos fatos investigados. "Se eu tenho um delegado que, de antemão, aceita a hipótese de concussão e não de corrupção, por exemplo, eu não posso falar que eu tenho certeza, mas eu tenho uma impressão muito forte de que talvez o promotor que tivesse cuidando

O caso do ISS ilustra a possibilidade de o Ministério Público controlar o acesso dos autos para influenciar o tipo de depoimento dos envolvidos. O promotor encarregado pode decretar o sigilo das diligências "quando a elucidação do fato ou o interesse público exigir" (art. 13 da Resolução n. 13/2006 do CNMP) e só conferir vista dos autos a quem for apontado como investigado, desde que as investigações não estejam em andamento.

Desde a portaria de instauração do PIC, os promotores decidiram que o procedimento não poderia "ser compulsado pelos averiguados" e "as pessoas que têm conhecimento dos fatos, como testemunhas ou declarantes, deverão comparecer para depor sem o prévio conhecimento da apuração, como garantia da espontaneidade das informações e para assegurar o êxito da investigação" (p. 10).

Tal medida serviria para assegurar a "espontaneidade" dos depoimentos (p. 10). Com base nesse entendimento, os promotores negaram aos advogados das construtoras vista dos autos, sob o fundamento de tratar-se de testemunhas, que, portanto, não teriam direito a consultar os elementos da investigação.[51]

Foi considerado "fundamental", "imprescindível", o acesso ao procedimento para o exercício da função advocatícia, pois a orientação ao cliente de como se comportar dependeria do conhecimento sobre "o que tem nos

daquele caso dissesse: 'ué, mas por que concussão e não corrupção? Será que vão dizer alguma coisa? Por que que esse delegado chegou a essa conclusão?'. O delegado precisa, de alguma maneira, explicar por que que ele abandonou uma hipótese e aceitou a outra. E quando é o Ministério Público que está investigando, e a gente precisa pensar, o Ministério Público é muito mais bem equipado, os Promotores são muito mais respeitados, é um concurso mais difícil, então parte-se do pressuposto de que um membro do Ministério Público está fazendo o correto. E aí não tem ninguém, fora o juiz, que a gente sabe que, a não ser em casos muito específicos, não vai se posicionar em relação a linha que o MP está adotando, até porque ele tem que ficar ali numa postura de neutralidade, mas o MP faz o que ele quiser. Então, eu acho que é um pouco essa a diferença. Até porque se o Ministério Público tem a função de controlar a atividade da Polícia, quem controla a atividade do MP? Ninguém" (entrevista 6).

[51] O primeiro pedido de vista foi realizado logo depois das primeiras intimações, em nome de uma empresa cujo representante negou, a princípio, ter pagado propinas, mas admitiu a conduta depois da deflagração da fase ostensiva da operação. Ele foi indeferido sob os seguintes termos: "Em face do sigilo decretado no PIC, indefiro o pedido de vista e extração de cópias" (fls. 313). Essa negativa não ocorreu posteriormente, após a fase ostensiva das investigações (entrevista 6). Um entrevistado narra que, "paralelamente aos autos de investigação principal, havia anexos, havia pastas anexas, as quais continham informações absolutamente importantes para o deslinde da investigação, absolutamente importantes para o direito de defesa nessa fase de investigativa" (entrevista 3) e que não foram franqueadas. Uma das provas importantes para o caso não estava juntada aos autos e apareceu durante um dos depoimentos, o que teria feito o advogado dizer que seu cliente não responderia a perguntas sobre aquele material.

autos". Do contrário, o advogado não teria recursos para orientar seu cliente, sendo melhor que não presenciasse o ato, sob pena de conferir algum tipo de legitimidade ao depoimento, porque colhido na presença de um defensor (entrevista 6).[52]

Nesse cenário, foram intimados alguns diretores de empresas para prestar esclarecimentos sobre o caso. Eles deveriam se apresentar munidos de documentos comprobatórios e indicar quem eram as pessoas responsáveis pela obtenção dos certificados (fls. 10).

Pelo exame dos autos, nota-se que cinco pessoas foram ouvidas antes que qualquer advogado pudesse ter visto o teor do PIC (fls. 320/322, 345/347, 610/611, 783/785, 797/798). Elas foram indagadas sobre a exigência de propinas e negaram ter participado de qualquer pagamento de vantagem.

Porém, no dia 14 de agosto de 2013, nove dias depois da entrada em vigência da Lei n. 12.850/2013, foi ouvido um indivíduo qualificado como testemunha X1. No termo de depoimento, consta que "o declarante comparece neste Ministério Público, disposto a declarar o que sabe e apenas dizer a verdade, com a intenção de colaborar com a justiça e se assim for será beneficiado com o instituto da Delação Premiada, cujo termo de acordo com este Grupo será feito e assinado em outra oportunidade, conforme parágrafo 5º, art. 1º, da Lei 9.613/98 e sem prejuízo da aplicação do art. 4º da Lei 12.850/13" (fls. 906).

Essa pessoa afirmava atuar no ramo da construção de imóveis havia vinte anos e confirmava ter pagado propinas em razão de uma exigência dos fiscais. Disse que, inicialmente, o cálculo do tributo devido desconsiderava diversas notas de forma arbitrária e era solicitado o pagamento de vantagens para diminuir o valor a ser pago. Mesmo querendo pagar a mais, ainda assim um dos fiscais afirmava que, sem o pagamento de propinas, a solicitação demoraria muito tempo para ser processada. Então, o empresário ficava em uma situação muito constrangedora, pois precisava entregar as unidades para os consumidores finais, além de precisar do dinheiro para honrar as dívidas contraídas para a construção do imóvel (fls. 906/910).

[52] O relato é de que, quando o advogado examina os autos e nota "uma investigação voltada, por exemplo, para eventual prática de concussão", e o cliente "é da iniciativa privada, por exemplo, na condição de vítima", a orientação poderia ser a de simplesmente "dizer a verdade". Se, depois do exame dos autos, houver a percepção de que, "naquele depoimento, ele pode [...] se implicar e pode passar para a condição de investigado", uma orientação seria "dizer que ele pode ficar quieto. Ele tem o direito de exercer essa garantia constitucional de permanecer silente. Então, faz toda diferença, não tem o menor cabimento, não tem nenhum sentido" o advogado acompanhar o depoimento sem ter vista dos autos (entrevista 6).

2.5. A fase ostensiva

Já com grande quantidade de interceptações telefônicas,[53] depois desse depoimento o Ministério Público requereu a decretação da prisão temporária de uma parte dos fiscais e a realização de buscas e apreensões.

Os pedidos foram deferidos por meio de despacho que destacava um "rápido e inexplicável acúmulo patrimonial dos investigados", somado a "indícios da prática de crimes de quadrilha ou bando, corrupção ativa e lavagem de dinheiro", como indicativos de que as "fortunas" dos fiscais teriam sido "auferidas com o produto dos crimes tratados nesta investigação" (p. 89 do apenso de cautelares).

As prisões, assim como a apreensão de veículos de luxo, foram amplamente divulgadas pela imprensa: foi assim que o caso passou a ser conhecido como a máfia dos fiscais do ISS.

Durante seus depoimentos, aos fiscais e às suas esposas foi oferecida a possibilidade de celebração de acordos de colaboração premiada em troca de informações sobre outros envolvidos e outros fatos.[54] Um dos fiscais, que dizia ser o encarregado da interface com as construtoras, celebrou rapidamente um acordo e assumiu ter recebido propina. No entanto, disse que não obrigava as empresas a pagar pelos certificados, era inclusive procurado por elas no intuito de acelerar a expedição e para o recolhimento a menor de tributos (fls. 936/941). Posteriormente, outro fiscal celebrou um acordo e prestou declarações no mesmo sentido (fls. 1.235/1.243).

53 As interceptações captaram uma pessoa que teria tido relações afetivas com um dos fiscais extorquindo o grupo, ameaçando levar à Controladoria documentos e gravações demonstrativos do recebimento de propinas. Essa pessoa prestou depoimento em que revelou não só ter ciência de que havia irregularidades como que ajudava um dos fiscais a contar, organizar e gastar o dinheiro. Ela não foi denunciada, a imputação não ocorreu como as esposas de outros fiscais que teriam se beneficiado e participado dos crimes por seus nomes estarem nos contratos sociais de empresas.

54 Em relação a um dos fiscais, uma proposta de colaboração teria sido feita de forma suave, mas em relação a seus familiares, teria ocorrido de forma "agressivíssima [...] no sentido de que, olha, se não fizer a delação, a sua condenação é certa, nós temos prova para isto, você vai ser condenada, nós vamos denunciar por inúmeras lavagens de dinheiro". Todavia, depois da não aceitação, as oitivas teriam ocorrido "de forma muito normal", o promotor encarregado teria sido "muito educado, muito respeitoso ao direito de defesa", permitindo a participação do advogado e sem "nenhum problema em relação a cerceamento de perguntas, nada". Teria ocorrido "realmente um ato tanto de investigação quanto um ato de defesa" (entrevista 4). Teriam participado das oitivas o promotor encarregado e dois assessores, um deles, inclusive, subscreveu a denúncia na qualidade de assistente jurídico.

A divulgação de investigações pelos veículos de comunicação possui uma dupla função. Os pedidos de medidas cautelares são feitos apontando um "clamor social" (fls. 68 da cautelar de prisão) que pode ser influenciado pela divulgação de medidas de investigação, e os entrevistados as reputam como o fator que explica uma mudança de comportamento dos empresários das construtoras (entrevistas 1 e 2). A divulgação das ações prévias da Controladoria, especialmente das que acarretaram a prisão em flagrante de funcionários de uma subprefeitura, é vista como a possível explicação para que a primeira testemunha comparecesse para falar sobre os fiscais do ISS (entrevista 5).

Esse papel de atração de pessoas para contar sobre crimes é feito não somente por meio da divulgação de atos processuais. A divulgação nos diários oficiais sobre como um funcionário público pode reportar irregularidades aos órgãos de controle é vista, por si só, como um estímulo grande à chegada de novas comunicações, razão pela qual a oferta de notícias pode ser influenciada e administrada por meio desses mecanismos de facilitação de denúncias (entrevista 1).

Assim é que, a partir dessa data, os representantes de construtoras e despachantes passam a admitir o pagamento de vantagens indevidas em razão de coação infligida pelos fiscais. Duas pessoas que haviam negado anteriormente os fatos voltam ao órgão ministerial para prestar esclarecimentos e se dizem obrigadas a pagar propinas para a obtenção de certificados de quitação do ISS.

2.6. Acordos? Com vítimas?

Embora existam referências sobre dispositivos regendo os acordos de colaboração premiada, não é possível concluir que esse instituto tenha sido aplicado, na sua forma literal, aos empresários ouvidos no âmbito do caso dos fiscais do ISS.

Examinando os depoimentos prestados por empresários, despachantes e funcionários públicos nos autos do PIC 3/13, é possível notar que o depoimento da testemunha X1 mencionava expressamente a promessa da celebração de um futuro instrumento de acordo de colaboração. Também foram ouvidos três indivíduos de uma mesma empresa, cujos termos de depoimento se iniciavam com a expressão "o declarante comparece neste Ministério Público, disposto a declarar o que sabe e apenas dizer a verdade, com intenção de colaborar com a justiça, conforme parágrafo 5º, art. 1º, da Lei 9.613/98 e sem prejuízo da aplicação do art. 4º da Lei 12.850/2013" (fls. 1.014/1016, 1.021/1.023 e 3.184/3.185) – justamente os dispositivos que tratam da delação premiada. Foram, ainda, ouvidas outras oito pessoas cujo depoimento se iniciava com a expressão de que comparecia no órgão ministerial "disposto a declarar o que sabe e apenas dizer a verdade, com intenção de colaborar com a justiça" (fls.1.205/1.210, 2.025/2.029, 2.030/2.033, 2.034/2.037, 2.099/2.103, 2.251/2.253, 2.431/2.435, 3.549/3.551).

Essas pessoas admitiram, sem reservas, ter ciência ou participação direta no pagamento de propinas. Nota-se que a oitiva de empresários, cujos nomes foram substituídos por letras (como testemunha M, testemunha Y), foi, por vezes, seguida da apresentação de documentos atestando o pagamento de ISS a partir de um novo cálculo realizado no contexto de uma "força-tarefa" da Secretaria de Arrecadação.

Os demais depoimentos de representantes de construtoras foram iniciados pela expressão "devidamente compromissado a dizer a verdade, na forma da lei".[55] Uma pessoa foi ouvida duas vezes, primeiro disse que não sabia de pagamentos (fls. 2.090/2.092), depois se dirigiu ao Ministério Público para retificar seu depoimento (fls. 2.509/2.514). Das outras oito pessoas ouvidas, uma confirmou o pagamento de propinas e as outras sete negaram qualquer tipo de concessão de vantagem aos fiscais.

É possível que as mesmas pessoas tenham prestado outros depoimentos mais recentemente, não juntados ao PIC 3/13. Mesmo assim, com base nesses depoimentos, nota-se que, com exceções, a admissão de irregularidades na concessão dos certificados pode ser associada a depoimentos em que existe algum tipo de menção a "colaborar" com as investigações.

Os depoimentos foram colhidos no Ministério Público. Como a assunção de pagamento de propinas tem consequências jurídicas mencionadas como "multidisciplinares", um ambiente de segurança demandaria que diversos entes estivessem atuando de forma coordenada, em concordância (entrevista 2). Por isso, foram juntados promotores atuantes na área criminal, na área do patrimônio público, na área tributária e membros da Controladoria a fim de assegurar que a reação estatal seria homogênea (entrevista 2).[56]

[55] Fls. 315/318, 320/322, 345/347, 610/611, 783/785, 797/798, 1.773/1.775, 2.090/2.092, 2.509/2.514, 2.702/2.704.

[56] Como afirma um dos entrevistados, o depoente "sai da reunião com a situação dele resolvida se não em todos, na maioria dos aspectos [...]. Olha, você pode falar, porque criminalmente seu tratamento vai ser esse, na prefeitura o seu tratamento vai ser aquele, entendeu? Então isso está garantido, a segurança. E aí a gente conseguiu, através desse trabalho convencer as pessoas que haviam sido extorquidas a colocar no papel, poucas pessoas. Até porque, apesar da magnitude que se apresentava, nós não imaginávamos que seria tão grande como foi, tá? Mas no final nós conseguimos plantar aquela semente com aquelas oitivas e pegamos o todo" (entrevista 2).

Depois de manifestar o compromisso de que seria considerado de boa-fé quem fosse "dizer a verdade" (entrevista 2), e, portanto, vítima, os promotores colheram o depoimento de várias pessoas que foram admitir claramente o pagamento de propinas.

Essas oitivas com o "intuito de colaborar" também foram realizadas com funcionários públicos e pessoas que mantiveram relacionamentos afetivos e comerciais com os fiscais. Mesmo nos interrogatórios de investigados há informações sobre o oferecimento de colaborações premiadas, sugerindo que o Ministério Público tenha utilizado esse expediente em grande parte dos depoimentos, trocando um tratamento leniente por relatos detalhados dos fatos.

É possível que existam termos de acordo de colaboração premiada com todas as pessoas que, ouvidas, manifestaram desejo de colaborar com as investigações. No entanto, nos documentos que pude examinar só localizei os acordos celebrados por quatro fiscais.

É preciso deixar claro que o objetivo deste trabalho não é renovar o debate sobre os fatos, mas, sim, observar como as instituições se comportam. Para reconstruir o que pode ter ocorrido, seria, no mínimo, preciso ouvir todos os envolvidos. Mesmo assim, é importante destacar as narrativas de que, para além de situações claras de extorsão e constrangimento para a concessão de vantagens indevidas, havia circunstâncias dúbias e outras que indicavam até uma bilateralidade, mais condizente com a corrupção (entrevistas 1, 2, 3, 4 e 5).

Foi possível notar casos de empresas que se mantiveram por anos pagando em dezenas de obras valores menores de imposto do que o correto, e outras que nada deviam e mesmo assim pagaram imposto e propina. Nos depoimentos, restaram consignados o choro de um homem que descrevia como foi extorquido (fls. 15) e outras situações em que o despachante afirmou ter sido contratado para obter o certificado de forma mais rápida. Algumas das construtoras, inclusive, solicitaram aos fiscais a abertura de empresas, pois o pagamento em espécie era dificultado pelos controles internos.

Uma característica que seria comum a todas as situações, apontada por um dos entrevistados como "o elemento" que permitiria "concluir pela concussão", é a existência de uma grande discrição dos funcionários públicos, que poderiam pegar "notas daquilo que foi recolhido durante a obra" e descartar várias delas, "sem nenhum motivo, só para dizer para o fulano que ele estava devendo três vezes mais do que na verdade ele estava devendo". O particular ficaria em uma "saia justa" pois, "se você não fizer aqui do nosso jeito... não sei quando vai sair, entendeu?". A pergunta que deveria ser feita, objetivamente, seria: "mas a pessoa não pode se submeter a um prazo razoável?" (entrevista 6).[57]

Outro entrevistado entende a imputação de concussão, "em termos processuais, como uma opção do Ministério Público, porque nós teríamos uma ação penal aqui gigantesca, maior ainda do que já o é, da inclusão de todos esses membros das empreiteiras", e questiona: "Mas, e o princípio da obrigatoriedade da ação penal?" (entrevista 4).

A percepção desse entrevistado é de que teria havido "uma opção em se capitular estes fatos todos como concussão, porque o reflexo processual disso seria muito mais interessante [...] para o Ministério Público". A ação penal seria "muito mais fácil de se manejar em termos acusatórios, excluindo do polo passivo todos estes inúmeros membros das empreiteiras". Isso "legitimaria, então, todas estas requisições de instauração de inquérito" para apuração de condutas de pessoas que são vistas como vítimas (entrevista 4).

Muito embora tenha sido criticada publicamente (entrevistas 1 e 5), a postura de tratar como vítimas todos os que admitiram amplamente os fatos teria sido mantida por uma questão de credibilidade (entrevista 2). Ela só não foi cumprida, em parte, em relação a uma construtora, que sofre ação civil pública movida pela Procuradoria mencionando a prática de corrupção ativa. A empresa não havia recolhido os tributos na forma calculada posteriormente, e foi necessário dar "um sinal para o mercado" (entrevista 1) de que a conduta não seria tolerada.

Ora, o acordo de colaboração (delação) premiada pode ser formulado, nos termos da Lei n. 12.850/2013, com alguém que "tenha colaborado efetiva e voluntariamente com a investigação e com o processo criminal [...]" (art. 4º, *caput*). Essa colaboração precisa resultar na "identificação dos *demais coautores* e partícipes da organização criminosa e das infrações penais por eles praticadas" (inciso I) ou na "localização de eventual vítima com a sua integridade física preservada" (inciso V). O texto da lei indica que o acordo de colaboração

[57] A vantagem não seria o critério diferenciador entre os crimes e, no caso, haveria a impressão de que "ninguém teve uma vantagem substancial". Haveria situações de aparente benefício: "se um fiscal dizia para o fulano que ele estava devendo três vezes mais do que na verdade ele estava devendo, qualquer desconto é imaginário. Na verdade, eu devia menos. E aí, quando ele fala, então, [...] você deve 300. Na verdade, você devia nada e ele, malandramente, diz que você deve 300. Ele então fala: 'eu vou te dar um desconto ótimo de 50%' e você vai dispender, no total, não interessa quanto vai para a prefeitura, porque na verdade eu estou pensando em quanto sai de dinheiro do bolso do particular, 150. Ou seja, tudo o que eu gastei mesmo com 'descontão' que foi dado a mim pelo fiscal, na verdade é mais do que eu gastaria se aquele procedimento fosse correto" (entrevista 6).

é celebrado entre autoridade e coautor, acarretando a diminuição da pena ou o perdão judicial (§ 2º).

Como se percebe, o pacto é realizado com um coautor de crime, não com vítimas ou com testemunhas, desde que ele voluntariamente confesse e aponte condutas de seus pares, resultando em um benefício fixado na sentença, pelo juiz, razão pela qual seria difícil inserir o ajuste celebrado no caso do ISS no modelo da lei de regência. Além disso, há uma celeuma porque os fiscais delatores negam categoricamente em seus depoimentos ter havido qualquer tipo de exigência de vantagens indevidas. Mesmo diante da possibilidade de assumir a autoria de um crime mais brando (concussão), optaram por dizerem-se autores de corrupção passiva, o que denota a dificuldade em identificar os depoimentos com a mencionada postura de "dizer a verdade". Há, aparentemente, duas verdades antagônicas convivendo no caso dos fiscais do ISS.

Os promotores foram surpreendidos com a dimensão que o caso tomaria. Foi apreendida uma planilha na casa de um dos fiscais que celebrou acordo de delação premida, e ela indicava que a cobrança de propina pode ter ocorrido na maior parte dos empreendimentos novos. Então, uma investigação planejada para abordar um número de fatos relacionados a construtoras pequenas e médias, que seriam mais propensas ao pagamento de vantagens indevidas, acabou levando a um caso envolvendo todas as empresas do ramo em São Paulo (entrevistas 1 e 2).

As investigações, montadas de uma certa forma, não poderiam mudar, prejudicando quem confiou no estabelecido anteriormente (entrevista 2) e por isso, na zona cinzenta relativa à subjetividade, foi adotado um critério objetivo, a postura de "confissão", embora quem confesse um crime seja aquele que o praticou, e não a vítima.[58] Além disso, os empresários têm advogados militantes em vários casos, razão pela qual manter a palavra era importante também para situações futuras. Embora seja lamentável homogeneizar o tratamento, isso foi necessário para que as provas fossem colhidas e se chegasse ao caso (entrevistas 1 e 2).

[58] "Você quer conversar comigo? Então vem aqui e vamos fazer uma sessão de confissão. [...] quero saber, dentro do setor da Construção Civil, em determinado espaço de tempo, que nós estamos falando aí de 2007 para frente, que é o período dos últimos dez anos. E que nós temos notícia de que quando você vai empreender um imóvel, criar um empreendimento imobiliário que você chega lá para dar entrada no projeto, por toda a fase da construção, até a parte final que é o 'habite-se', essa cadeia aqui, ela é inteira corrompida" (entrevista 2).

Teria sido possível, portanto, adotar uma postura de equiparação de condutas diversas de empresários. Foram eles considerados vítimas antes de narrar seus envolvimentos e, mesmo que estivessem em uma situação de ser beneficiados, a postura de boa-fé foi considerada relevante para isentá-los das denúncias.

2.7. A diversidade de denúncias

A conclusão do PIC 3/13 se dá com a propositura de uma ação penal contra os fiscais do ISS e contra suas esposas pelos crimes de formação de quadrilha, diversos atos de concussão (56) ocorridos em detrimento de seis empresas, bem como de lavagem de dinheiro.

Entretanto, as investigações não haviam terminado. Na denúncia, os promotores afirmam que "algumas construtoras perceberam que poderiam lucrar com esse esquema criminoso [...] vindo seus representantes a aderir à conduta dos agentes públicos" (p. 11 da denúncia), mas que "tais fatos não foram incluídos" na denúncia, "e são investigados, em autos apartados, pelo Ministério Público e Polícia Civil, objetivando, especialmente, identificar os empresários responsáveis pelo pagamento de vantagens indevidas". Quando apurados, "os fatos serão objeto de denúncias a serem ofertadas em momento oportuno" (p. 11 da denúncia).[59]

Mesmo antes de concluir as investigações, o Ministério Público enviou a tabela apreendida com os fiscais, em que constavam mais de quatrocentos empreendimentos, para apuração pela Polícia Civil, que instaurou um igual número de inquéritos policiais. De uma vez, o PIC 3/13 originou outros procedimentos internos de investigação e inquéritos, mais de quatrocentos procedimentos de natureza criminal.

Em consequência, é possível observar nos autos do PIC 3/13 uma inusitada situação de advogados de construtoras, cujos representantes foram considerados vítimas e arrolados, posteriormente, como testemunhas de acusação, comunicando o Ministério Público de que havia um *bis in idem*, uma repetição ilegal de investigações, e pedindo providências, pois seus clientes estavam

[59] Um dos entrevistados questiona a viabilidade de futuras ações penais baseadas no critério da posição de "beneficiadas por esse 'esquema'", pois "a diferença entre a concussão e a corrupção" não seria "intenção de uma vantagem". Se a ação dos fiscais, para empresas diversas, ocorrera "no mesmo período de tempo", "contra pessoas que detêm a mesma posição", haveria entre elas a "mesma vulnerabilidade" (entrevista 6).

sendo intimados para esclarecer fatos já elucidados nos depoimentos prévios (fls. 2.007/2.010 e 2.017/2.019).[60]

Isso ocorreria porque, "depois do oferecimento da denúncia, algumas outras empresas" teriam se apresentado no Ministério Público "com comportamento de vítimas", e por isso foram "instaurados outros PICs para apurar estas empresas com comportamento de vítimas. As empresas que não chegaram no MP com comportamento de vítimas, elas são investigadas pela Delegacia". A instauração seria de um inquérito para cada empreendimento, e, na situação em que havia "um PIC instaurado no próprio MP, elas peticionam nos autos do inquérito dizendo que já existe uma investigação pelo Ministério Público", e o inquérito seria arquivado. Ressalvando a impossibilidade de dizer "concretamente", a impressão é de "a diferença para ser investigado na Polícia e ser investigado no próprio MP é se você se comporta como vítima ou não. Esse é o critério" (entrevista 6).[61]

A primeira denúncia foi distribuída para a 21ª Vara Criminal Central de São Paulo, mas, antes de a instrução processual ser iniciada, o Ministério Público já possuía elementos sobre novas obras e novas pessoas envolvidas. Notando que a primeira ação penal tratava de muitas pessoas e muitos crimes, o *Parquet* entendeu ter cometido um erro na "construção da investigação" correspondente ao PIC 3/13. A ação penal virou um "transatlântico", andaria "tão lento quanto um transatlântico anda", mas, naquele momento, não seria mais possível "fatiar" o procedimento de investigação em barcos pequenos e ágeis (entrevista 2).

Então, diante de novos fatos que poderiam, juntos, formar uma ação penal tão complexa como a primeira, os promotores optaram por dividir o caso em várias denúncias, separadas por contexto fático (por empresa vítima, unicamente por lavagem de dinheiro, abarcando outros fiscais que teriam funcionado como intermediários).

[60] Uma das petições é endereçada ao delegado, "com cópia para o Ministério Público" (fls. 2.008), e a outra foi despachada pelo promotor no sentido de que seria requisitado o apensamento das investigações (fls. 2.017).

[61] Um dos entrevistados relacionou a celebração de um dos acordos de colaboração à profusão de investigações. Um dos fiscais estava sendo investigado, naquele momento, em 150 procedimentos diferentes. A "segmentação em pequenos pedaços" tornaria "difícil a defesa, entendeu? Você pode instaurar um PIC com... 150 subtítulos ou pode instaurar 150 PIC cada um com um título, você intima o gajo 150 vezes. Você torna a vida dele uma coisa horrível. Porque ele não para mais, é só intimação atrás de intimação até que ele é subjugado, foi isso que fizeram com o rapaz. Entende? Mas é o procedimento de rotina de... você subjugar a criatura psicológica e materialmente com profusão de procedimentos" (entrevista 5).

2.8. A apreciação judicial das denúncias

A divisão do caso em várias denúncias gerou uma consequência inicialmente vista como indesejável para o Ministério Público. Os promotores entenderiam que as ações penais deveriam tramitar no mesmo juízo, porque um juiz poderia estudar uma vez o caso, que é grande, e, "a partir do momento em que a gente entende o processo [...], ele não tem muitas variáveis. Você vai praticamente fazer conta de vezes aqui" (entrevista 2).[62] Os promotores passariam muito tempo estudando as mecânicas negociais e as anomalias de um setor para "chegar a uma equação financeira daquela atividade para entender aonde é que entra o dinheiro sujo", e poderiam trocar experiências com os juízes e conseguir fazer muitos casos tratando do mesmo *modus operandi.* Essa multiplicação, no caso do ISS, poderia fazer o caso chegar à cidade de São Paulo inteira (entrevista 2).

Por isso, no "preâmbulo" das denúncias subsequentes, o Ministério Público pleiteou a distribuição à 21ª Vara, por dependência, com dois tipos de argumentos: um deles é o de que, "em razão da complexidade dos fatos" apurados no PIC 3/13, "as imputações foram divididas em uma denúncia 'principal' [...] e as demais infrações penais apuradas serão objeto de denúncias separadas". A finalidade é expressa na manifestação, "a viabilidade e a celeridade das ações criminais" (p. 2).

O outro argumento é o da existência de um "vínculo de conexão" entre as novas "infrações penais" e aquelas tratadas na "ação penal 'principal', tendo em vista que executadas pelos mesmos autores reunidos e a prova da quadrilha/associação criminosa influi na prova dos demais crimes executados por seus integrantes", com a menção do art. 76, I e III, do Código de Processo Penal (CPP) (p. 2).

A juíza da 21ª Vara entendeu, por outro lado, que os processos relacionados a crimes praticados por uma quadrilha não precisam "correr por uma mesma vara, quando diversas e independentes as investigações tocadas pelo Ministério Público" (fls. 657 – proc. 21ª),[63] pois a qualidade da prova e o proveito do procedimento "seriam comprometidos pela reunião de feitos, sempre

[62] Essa preocupação de que o processo não se torne uma conta de vezes é revelada por um dos entrevistados, que aponta a influência negativa, sobre a cognição do juiz, da condenação prévia em um caso, mesmo se a sentença fosse proferida por um outro magistrado e o Ministério Público instruísse a denúncia com cópia da decisão (entrevista 6).

[63] Cito o processo que tramitou na 21ª Vara, mas as outras denúncias e os outros despachos determinando a livre distribuições foram descritos nos mesmos termos.

suscetíveis a novas acusações e à renovação de fases processuais já superadas; o que atentaria contra o princípio da economia processual e eternizaria o processo" (fls. 657 – proc. 21ª).

Além desse argumento sobre a economia para o processo, a juíza questiona: "se o Ministério Público pretendia instrução única, sob alegação de conexão, por que investigou separadamente e denunciou cada caso a seu tempo?". Seguindo o raciocínio, a escolha por separar as investigações é um reconhecimento de que as provas são independentes, razão pela qual não se poderiam aventar "hipóteses de continência e conexão, já em fase judicial" (fls. 657/658 – proc. 21ª).

Outra razão para a separação dos feitos seria que o *Parquet* não pode "investigar em procedimento próprio", o PIC, "denunciar e então escolher o juízo para distribuir sua ação, sem qualquer supervisão judicial, encampando atribuições que não são suas" (fls. 658 – proc. 21ª).

A juíza conclui que "não há espaço para dirigismo estatal em cenário democrático", razão pela qual discorda da "ideia abraçada pelo Ministério Público, de transformar esta vara em a 'Vara da Máfia dos Fiscais'", porque violaria "frontalmente a garantia constitucional do juiz natural" (fls. 657/658 – proc. 21ª). A distribuição por dependência acarretaria uma situação em que já se saberia de antemão o juízo responsável por futuros processos instaurados pelo Ministério Público "tratando da mesma suposta quadrilha, o que representaria o afastamento injustificável do juiz constitucionalmente escolhido e a consagração de um foro específico e invariável, por quem é parte e não pode fazê-lo" (fls. 657/658 – proc. 21ª).

No que tange às denúncias em que se imputava lavagem de dinheiro, a juíza sustenta que, nos "tempos atuais, marcados pela 'Operação Lava Jato'", as "conclusões do juiz Sérgio Moro" (em obra doutrinária) seriam de que "a conexão instrumental entre crime antecedente de lavagem não implica, necessariamente, unidade de processo e julgamento". Ou seja, a juíza afasta a criação da "Vara da Máfia dos Fiscais" citando o juiz designado para atuar somente na operação Lava Jato.

Os processos foram, então, distribuídos para outras varas, e alguns juízes resolveram também declinar da competência, alegando existir: (i) "evidente conexão probatória" (fls. 136 – proc. 20ª); (ii) dificuldade de compartilhar provas e dividir, em vários Juízos, a responsabilidade sobre as medidas cautelares decretadas na fase investigatória (proc. 25ª); (iii) bem como para "permitir uma análise adequada de cada uma das infrações penais", buscando com isso "evitar a confusão e a impunidade" (fls. 1.320 – proc. 25ª).

Em razão disso, foram instaurados conflitos negativos em que se discute a competência para processamento das iniciais. Na época da redação do relatório de pesquisa, dois deles, em que a imputação versava sobre lavagem de dinheiro exclusivamente, foram resolvidos para afirmar que os casos devem tramitar separadamente, na 12ª e na 25ª Varas. Outros casos, como o da 20ª Vara, estavam suspensos aguardando o julgamento dos conflitos.

A separação dos casos em diversos juízes foi criticada pela necessidade de repetição de provas, mas apontada como positiva em virtude da possibilidade de ter juízes com perfis diferentes atuando, então algum deles poderia imprimir maior velocidade ao caso, não havendo necessidade de dependência do ritmo de um único juiz (entrevista 5). Haveria um risco de o caso tornar-se "um *Frankenstein*", pois é possível que juízes aceitem ter ocorrido concussão, e outros digam: "espera aí, para eu decidir se isso é corrupção ou concussão, tanto faz o comportamento da vítima", e, com isso, em cada vara seria adotado um critério diferente para distinguir os dois delitos (entrevista 6).

A divisão em Varas propiciaria mais chances de o acusado encontrar um juiz mais garantista que possa ser poroso aos argumentos da defesa, especialmente no contexto brasileiro, em que o mesmo juiz que decreta cautelares e participa das investigações pode julgar o caso (entrevista 3). No entanto, algumas defesas, em suas respostas à acusação, pediam a união das diferentes ações, porque se estaria diante de uma repetição de processos.

Até o momento, não foi possível checar se algum processo foi julgado definitivamente. De todas as denúncias examinadas, apenas uma foi rejeitada e atualmente aguarda o pronunciamento do TJSP no âmbito de um recurso em sentido estrito interposto pelo Ministério Público pedindo a reforma dessa decisão.

No processo que tramitou perante a 8ª Vara Criminal, uma pessoa teria sido flagrada participando como intermediário em uma negociação ocorrida no Bar Brahma entre o grupo dos fiscais e um representante de um *shopping*. O intermediário celebrou um acordo de colaboração com o Ministério Público, e o acordo foi homologado pelo Juízo do Departamento de Investigações Policiais. A denúncia foi oferecida, contra os fiscais, por concussão, e o incluiu como testemunha. Por isso, o juiz da 8ª Vara entendeu que "ou se processa a todos, ou não se processa ninguém" (fls. 5 – proc. 8ª), tendo havido afronta aos princípios do "juiz natural", do "contraditório", da "ampla defesa" e da "reserva de jurisdição" (fls. 6 – proc. 8ª).

O juiz entendeu ter havido um arquivamento implícito para o delator e isso não seria consentâneo com o ordenamento jurídico. Teria ocorrido um "prévio julgamento" quando se extraiu da denúncia um dos envolvidos que "admitiu efetiva participação nos eventos", e que o delator poderia, no final do processo, ser beneficiado com perdão judicial, mas isso dependeria de uma avaliação do juiz da causa. "A promoção de arquivamento deve ser expressa, literal, para que se conheça a razão do aludido ato" (fls. 3 – proc. 8ª).

A decisão homologatória do acordo proferida pelo juiz do Departamento de Investigações não vincularia a nova apreciação pelo juiz natural, pois houve ressalva desse "caráter não vinculante" no despacho (fls. 4 – proc. 8ª).

O juiz afirma existir inépcia da denúncia "ao buscar o objetivo em que foi formulada, posto que descreveu fatos que incorrem nos termos dos artigos 317 (corrupção passiva) e 333 (corrupção ativa) do Código Penal [...], mas os capitulou [...] consoante o artigo 316 do Código Penal, concussão" (fls. 4 – proc. 8ª). O juiz entendeu que a inicial "elegeu averiguados" e que isso é "inadmissível", pois violaria o princípio da paridade de armas, "em que todas as partes se encontram em um mesmo patamar, sem se privilegiar qualquer uma delas" (fls. 5 – proc. 8ª).

Não seria possível emendar a denúncia. Ocorrera "eleição de investigados", "capitulação de fato diverso do descrito" e "direcionamento daquilo que se deseja buscar, por meio do processo penal" (fls. 5 – proc. 8ª), o que levaria "a duas possibilidades processuais": ou se submeteria o caso ao procurador-geral de justiça para que "destaque outro Membro de carreira para adequar o pedido inicial" (fls. 4/5 – proc. 8ª), ou se rejeitaria a inicial por inépcia, ante a desconformidade entre a narrativa e a capitulação jurídica.

O juiz afirma ter decidido pela segunda opção, "considerando que a base para a averiguação foi procedimento realizado fora deste Juízo que sequer assistiu ou homologou e, por conseguinte, sem lastro persuasivo que legitimasse o acolhimento do que foi exposto" (fls. 6 – proc. 8ª).

Contra essa decisão, como se disse, foi interposto recurso em sentido estrito[64] e, também, um mandado de segurança (MS) visando a dar efeito suspensivo ao recurso.[65] Nele, o Ministério Público afirma que a denúncia não poderia ser rejeitada, pois seria possível, no âmbito de acordo de colaboração premiada, não denunciar um delator. Além disso, ao não denunciar o colaborador, o Ministério Público não estaria julgando, apenas exercitando o seu poder de titular da ação penal, "corolário do princípio acusatório" (p. 13 do MS).

[64] Número 0089132-93.2015.8.26.0050, 16ª Câmara Criminal do TJSP.

[65] MS n. 2252005-59.2015.8.26.0000, 16ª Câmara Criminal do TJSP, Rel. Des. Leme Garcia.

Segundo o *Parquet*, a Lei n. 12.850/2013 temperou a "incondicionalidade da Ação Penal, como aliás já havia feito pela vigência da Lei n. 9.099/95", razão pela qual "somente aqueles contra quem o Ministério Público interpuser ação penal é que serão levados ao crivo do Poder Judiciário". A admissão de que o juiz possa decidir contra quem deve ser processado representaria "medida inconstitucional compatível com o princípio inquisitivo, banido há muito tempo do nosso sistema processual penal" (p. 13 do MS).

A segurança foi denegada. Embora consigne que "o direito líquido e certo por parte do impetrante" pudesse "parecer evidente", não se poderia conceder o *writ*, visto que trataria de matéria "controversa", de "profunda complexidade". Além disso, o julgamento em recurso em sentido estrito já estaria próximo, não havendo urgência (p. 90 do MS).

Embora atualmente o processo corra sob sigilo e seja exigida senha do processo para consultar os autos, o acórdão proferido no recurso em sentido estrito está disponível. Nele, os desembargadores centraram o debate na possibilidade ou não de celebração de acordo de colaboração premiada em um caso como aquele. Sobre a possibilidade do enquadramento como caso de concussão, o tribunal entendeu tratar-se de uma divergência sobre a "capitulação jurídica da denúncia", que não autorizaria a rejeição da inicial, porque o juiz poderia aplicar ao caso "mecanismos próprios de solução desse impasse, previstos nos artigos 383 e 384, do Código de Processo Penal (*mutatio libelli e emendatio libelli*)".

Somado a isso, a Corte entendeu que o magistrado poderia "determinar, de ofício, a instauração de inquérito policial" para a apuração de "crimes não investigados nos autos".

A postura do Ministério Público de imputar a concussão, excluindo a corrupção, é vista como prejudicial à defesa, porque o acusado passa a ter não um, mas "inúmeros acusadores". A discussão sobre a existência de uma extorsão no âmbito da municipalidade "é importante porque tem um reflexo na prova" acusatória, que adviria "também dos depoimentos, que são tidos como depoimentos acusatórios, com legitimidade de testemunhas acusatórias, dizendo que foram vítimas de concussão". Como teria havido, entre todos os envolvidos, "um bom negócio", e "estes acusadores, estas testemunhas de acusação, essas tais vítimas, não têm esta legitimidade" para acusar os comparsas, pois seriam "sujeitos ativos" do delito; a defesa, então, seria prejudicada pela "força probatória destes testemunhos acusatórios", que poderiam ser considerados chamadas de corréu, sujeitas a confirmação, caso a inicial fosse ajustada (entrevista 4).

2.9. A influência dos juízes nos casos de corrupção

O Poder Judiciário é visto como uma peça importante não só para a celeridade na tramitação dos procedimentos e a descoberta de novas provas (entrevistas 1, 2 e 5), como também para resguardar os direitos dos investigados e acusados, por meio da observação das normas processuais (entrevistas 3 e 4).

O fato de o caso ter sido distribuído na fase investigativa para um juiz considerado muito bom (entrevistas 2 e 5) foi decisivo, pois, "se tivesse caído na mesa do lado, talvez nada disso tivesse acontecido" (entrevista 2).

Entrevistados entendem que os juízes devem ter uma consciência do dano social causado pela corrupção (entrevista 5). Atualmente, o direito penal só atingiria com rigor os pobres e marginais e não os ricos, o que explicaria não existir, na Justiça Estadual paulista, Varas especializadas em crimes praticados por ricos na Justiça Estadual. A não especialização seria decorrente de argumentos de que as Varas especializadas ficariam ociosas, mas, se forem ocupadas por um juiz "comprometido com a causa social", elas logo estariam cheias de processos. Um argumento indicado como "subliminar" pode ser o de que se estaria criando um "superjuiz" que incomodaria as elites pelo seu poder (entrevista 2).

A operação Lava Jato é tratada como um "paradigma" diferente do Judiciário paulista (entrevistas 2 e 5). Enquanto na operação o juiz "briga para ter a competência universal", que seria legítima decorrência da conexão entre os casos, em São Paulo os juízes estavam se dando por incompetentes para não ter que julgar. O Judiciário, excluindo o caso da Lava Jato, não prende por corrupção, o que dificulta a apuração dos fatos porque o medo da prisão estimula a realização de delações premiadas (entrevista 2).

Por outro lado, existe uma percepção sobre uma "sensível modificação no judiciário em relação a esses casos de corrupção". Neles, seria possível notar um "judiciário que tem buscado privilegiar o resultado, privilegiar os fins, do que o respeito aos meios". Essa busca seria feita por meio de "vista grossa às nulidades processuais", permissão de "presunções de culpa" e compreensão de que seria "natural[,] pela complexidade do caso, uma inversão do ônus da prova" (entrevista 3).

Falando, de maneira geral, sobre o momento das instituições brasileiras, é considerado "natural" que o Ministério Público esteja agindo para aumentar o poder da instituição e flexibilizar as garantias dos acusados. Ele estaria "defendendo o papel dele" e não se poderia "criticá-lo em relação a isso".

No entanto, "houve um desapego muito grande do Judiciário em relação à legalidade processual", "para se conseguir alcançar determinadas condenações, em vista de uma resposta política de combate à impunidade". O diagnóstico é de que a ação do Estado é cíclica, pode ser mais ou menos porosa à defesa e, atualmente, o momento é, "mais uma vez, de se privilegiar a eficiência do que o garantismo" (entrevista 3).

A "forma, o meio" valeriam "muitas vezes mais do que a finalidade", pois um "Estado Democrático de Direito é um Estado que respeita a Constituição e dentro da nossa Constituição nós temos lá o devido processo legal", razão pela qual o Judiciário deveria atuar "de forma mais firme", impondo ao órgão acusatório "o respeito das regras processuais e constitucionais vinculad[a]s ao Direito Processual e até ao Direito Penal" (entrevista 3).

A corrupção é vista como um fenômeno histórico, inerente ao ser humano e até presente na natureza. Dever-se-ia procurar lidar com esse problema e não almejar a extinção, pois isso não é possível,[66] "você tem que ter a percepção, a perspectiva de que você acorda com o fenômeno, vai dormir com o fenômeno e a humanidade tem que conviver com esse fenômeno de corrupção". No Brasil, havia um "desequilíbrio flagrante" entre o incentivo para a corrupção e o combate a esse fenômeno, mas agora é preciso "equilibrar o bem e o mal" (entrevista 4).

Na época em que ocorreu a entrevista, em 2016, um entrevistado apontou que, "observando a história, seria possível notar em vários momentos o discurso da luta anticorrupção e a ideia de que um salvador da pátria vai prender os ladrões que roubam o país". Um entrevistado reconhece, com pesar, ter apoiado golpe militar no Brasil, até perceber os males praticados naquele período e passar a defender os "subversivos". Quando "os militares assumiram o poder", eles o teriam assumido "com o apanágio da luta anticorrupção" (entrevista 4). Naquela época, também se faziam protestos anticorrupção, "as marchas que haviam naquela época eram ligadas também por princípios éticos, anticorruptivos, princípios morais, de prisão dos sonegadores, daqueles que enricavam com facilidade" (entrevista 4).[67]

Por isso, justifica-se a preocupação com uma "restrição de tal forma das garantias e direitos individuais que nós vamos chegar a uma ditadura democrática, o que é absolutamente esquisito, não é?" (entrevista 4). Isso poderia ocorrer em

[66] "Você tem que trabalhar a corrupção dentro de uma perspectiva absurdamente objetiva e prevista e presumida de que isso faz parte, faz parte" (entrevista 4).

[67] "O ponto nodal, eu acho essa expressão muito esquisita, ponto nodal, mas o ponto nodal é o mesmo: a luta anticorrupção" (entrevista 4).

razão da falta de controle dos outros Poderes da República sobre o Ministério Público e a Polícia Federal. Tais instituições teriam se voltado, inclusive, contra os governantes que lhes deram esse nível de autonomia.

Assim, a contenção de eventuais excessos do Ministério Público é vista como uma atividade dificílima, pois a instituição seria dona "do direito de punir", enquanto "o Poder Judiciário" seria "o detentor da possibilidade de aplicação da pena". Dessa forma, "se o Ministério Público não quiser, não se pune", trazendo como consequência "uma blindagem de tal forma gigantesca que você não consegue penetrar nas alcovas da instituição, é uma instituição absolutamente fechada e blindada, porque eu só processo um Promotor Público se o outro quiser", "você não chega nem a porta do Poder Judiciário. Fechado" (entrevista 4).

2.10. Conclusões parciais

O estudo do caso do ISS revelou que as investigações sobre atos de corrupção ocorreram por meio de uma ação conjunta entre órgãos de controle, que podem adaptar ao caso o tipo de resposta estatal (se penal, administrativa ou civil, ou se todas estas, de forma concomitante ou não); definir até que extensão serão exercidas as competências sobrepostas (participação da advocacia na assistência à acusação, exercício, ou não, da legitimidade para propor ação civil pública); e escolher o *locus* do procedimento (a Polícia Civil ficou de fora, o caso não tramitou no fórum, mas internamente no Ministério Público).

Um meio de realizar investigações é pela avaliação da compatibilidade patrimonial e pelo cruzamento de dados. A partir dessas diligências, houve, no caso do ISS, uma sequência de atos planejados para a obtenção de indicativos de que a incompatibilidade patrimonial decorria de atos de concussão, mas, ao final do procedimento, notaram-se algumas situações que poderiam sugerir a correção da hipótese de que teria ocorrido corrupção.

O caso do ISS ilustra várias seleções, decorrentes de uma visão de prioridades, em um contexto de percepção de poucos recursos para fiscalização de muitos funcionários públicos: foi resultado de uma triagem feita pela Controladoria com a intenção de ter um caso de impacto junto com a sua criação; foi selecionado para encaminhamento a um grupo especializado do Ministério Público; foi selecionado para tramitar internamente e não ser investigado pela Polícia; e foi selecionado entre os casos que deveriam tramitar rapidamente, e não ficar aguardando pedidos e respostas de quebras de sigilo.

As investigações sobre corrupção são prioritárias, para os entrevistados, em virtude do dano social causado pelos desvios de dinheiro e da necessidade de sancionar também os ricos, que não são a clientela normal do direito penal. Para isso, os juízes precisariam ser sensíveis a essa necessidade e trabalhar em colaboração com os órgãos de controle, deferindo os pedidos, agindo rapidamente e querendo participar dos casos, não se escusando deles. O "paradigma" dessa situação seria a operação Lava Jato, tanto pela postura do juiz em querer julgar todos os casos como pela decretação de prisões que estimulariam a obtenção de provas. As críticas aos juízes também se referem à tolerância com o desrespeito das formalidades processuais. A percepção é de que a exigência de resultados faria com que as formas processuais fossem desprezadas. Além disso, haveria um aumento de poder do Ministério Público, que estaria descontrolado.

Diversamente do que ocorre em situações de crimes patrimoniais e de tóxicos, os casos de corrupção dificilmente se iniciam com flagrantes ou se consegue fazer provas ouvindo poucas pessoas, razão pela qual os entrevistados entendem necessária uma ação proativa e estratégica.

As entrevistas indicam que, no momento de instauração do PIC, o Ministério Público já havia concebido a condução do caso e avaliado que os empresários eram vítimas. Essa decisão foi influenciada pela percepção de que haveria dificuldade na obtenção de provas, pois os particulares que pagaram propina, ainda que obrigados, sentem-se acuados em prestar depoimentos e ser interpretados como confessando crimes. Os corruptores e corruptos, por sua vez, não admitiriam os fatos se não estivessem presos.

O estudo do caso do ISS revela uma estratégia processual de tratamento dos empresários como vítimas, desde que admitissem o pagamento de propinas, sem que se tenha que considerar a admissão de fatos uma confissão de corrupção. Essa atuação institucional ocorre em um cenário de pouca clareza sobre o que configura concussão e o que configura corrupção.

Para tanto, teria sido preciso criar um ambiente de segurança. Nesse ambiente, o empresário saberia, no momento de seu depoimento, quais seriam as consequências criminais, civis e tributárias de suas condutas, e poderia resolver todas elas mediante a revelação de que um grupo de fiscais exigia vantagens indevidas para emitir certificados de quitação.

Além disso, a tramitação de investigações internas, em que o Ministério Público tem o controle sobre o prazo de conclusão do caso, sobre quais as diligências são realizadas, sobre quando as informações são encartadas nos autos e sobre como se dá o acesso, é característica de um ambiente em que o Ministério Público não permitiu a vista dos autos a possíveis envolvidos com o pagamento de propinas, sob o argumento de que entendia tratar-se de vítimas e de que seria preciso preservar a espontaneidade dos depoimentos.[68]

A pesquisa indicou a existência de um uso planejado da divulgação de notícias pela mídia, no que parece ser uma relação de mútuo interesse: os órgãos de controle produzem matérias jornalísticas divulgando atos de investigação; e a ampla cobertura pela mídia estimula novas denúncias sobre casos novos ou novas provas em casos em andamento. No caso do ISS, a divulgação pela mídia de que os fiscais foram presos e de que um teria celebrado acordo de delação premiada foi relacionada com uma postura de vários empresários em comparecer no Ministério Público para confessar o pagamento de vantagens indevidas aos fiscais.

Diversos termos de depoimentos mencionam dispositivos que regem o instituto da colaboração premiada ou, ao menos, a intenção de colaborar e dizer a verdade, mas não se pode concluir que tenham sido celebrados, formalmente, acordos. Além de não ter localizado os termos, as circunstâncias em que houve as intimações (com negativa de vista dos autos e prévia disposição para tratar empresários como vítimas) indicam que não ocorreram negociações. Aparentemente, os empresários foram estimulados a contar que haviam sido extorquidos a pagar propinas e a recolher os tributos depois de um novo cálculo.

A homogeneidade de tratamento aos empresários é apontada como uma necessidade de manutenção de uma postura prévia de aceitação dessas confissões, que não poderia ser alterada, mesmo diante de elementos demonstrando que alguns tiveram vantagens e tinham condições de não pagar propinas, porque, do contrário, a credibilidade das palavras dos atores seria

[68] Esse controle foi percebido pela diferente sensação sobre como os casos rumaram em instituições diversas: "Na investigação, ou na ação penal, na investigação que tramitou no Gedec e na ação penal decorrente dessa investigação, você sabe que se você contar que você pagou alguma coisa porque foi coagido a, a sua atitude vai ser tipificada como concussão. Você tem essa segurança. Quando eles mandam quatrocentos empreendimentos para a delegacia, e aí eu tenho delegados diferentes, policiais diferentes e necessariamente promotores e juízes diferentes, eu vou saber? Se eu contar a mesma história que foi contada no Gedec, a minha atitude vai ser tomada como concussão? Ou eu vou tomar na cabeça uma ação penal de corrupção?". A pessoa pode se comportar "como 'vítima' na delegacia", contando "uma história de uma concussão, quando poderia, por exemplo, ter ficado quieta, caso tivesse se comportado como um investigado e exercesse o direito ao silêncio", achando que, caso se "comportasse como vítima", o promotor responsável pelo caso faria "o mesmo que fez o promotor do Gedec, mas essa hipótese pode não ser verdadeira. Então, esse é o grande problema de dividir tudo. Uma insegurança..." (entrevista 6).

colocada à prova, inclusive por advogados que atuam e atuarão em diversos casos futuros.

Foi possível notar, portanto, um relacionamento entre a imputação do crime de concussão aos fiscais e uma estratégia de obtenção de provas, ou seja, pessoas que poderiam ser denunciadas possivelmente não o foram em razão de uma escolha feita na gestação das investigações. Embora existam menções a acordos, a situação dos empresários não é a mesma daquela prevista para os réus colaboradores.

Em duas cláusulas de um termo de colaboração que estava acessível em uma das ações penais, foi possível notar o que parece ser o *leitmotiv* dos acordos: a necessidade de possuir "informações e documentos relevantes" que permitissem "a continuidade das investigações contra outros integrantes da organização criminosa e demais crimes cometidos por seus membros". Haveria "interesse público" na realização do acordo em vista da "necessidade de conferir efetividade à persecução penal, identificação dos coautores e coleta das provas em torno dos graves delitos apurados", e também diante da "repercussão desses ilícitos penais na esfera cível (atos de improbidade administrativa), tributária e disciplinar" (fls. 640 – proc. 29ª).

Comparando os depoimentos de testemunhas com os de acusados que celebraram acordos, nota-se a presença de versões conflitantes.

A pesquisa indica que a propositura de várias, e não de uma única ação penal, deu-se mediante uma justificativa da incidência de normas de conexão e modificação de competência, mas é explicada por um interesse na celeridade do andamento dos casos e pelo aproveitamento do conhecimento de um juiz a respeito de um caso para aplicar o mesmo entendimento a outros. Entretanto, considerações sobre a impossibilidade de o Ministério Público escolher qual é o juiz competente e o princípio do juiz natural fizeram com que os casos não tramitassem conjuntamente.

A falta de consenso quanto à prorrogação de competência da 21ª Vara Criminal Central acarretou conflitos de competência, resolvidos no sentido de que os casos devem tramitar separadamente.

Um dos juízes faz considerações sobre a necessidade de adequação das escolhas a categorias processuais e penais como a capitulação correta, o cumprimento da lei de regência dos acordos de colaboração e a necessidade de promoção de arquivamento, expondo discordância com a escolha ministerial de quem seriam os acusados. Todavia, nem esse juízo nem os outros tratam expressamente dessa circunstância em relação aos empresários. Esses acordos informais caracterizam um prejuízo para a defesa.

3.
O MINISTÉRIO PÚBLICO PODE OU DEVE DENUNCIAR?

O final da coleta de dados sobre o caso do ISS acarreta uma inquietação. Seria possível enxergá-lo como uma anomia, comparando depoimentos com acordos de colaboração premiada, questionando critérios de autoria e debatendo hipóteses de conexão, mas, talvez, esses acontecimentos possam ser mais bem explicados fora de uma perspectiva que enxerga as ações do Ministério Público restritas a uma perspectiva de legalidade estrita.

O momento é de tensão. Em artigo em que relata uma diferença entre o Processo Penal "asseado e lustroso dos artigos científicos" e o processo penal brasileiro "das delegacias lotadas e malcheirosas", "dos presídios dominados por facções", "do espetáculo", "do inimigo", "da exceção", Rocha (2016) faz um discurso emocionado no sentido de que defensores públicos como ele não se espantam com questionamentos sobre o desrespeito das leis processuais penais atualmente. O autor, ironicamente, agradece a operação Lava Jato por "desvelar" "o processo penal brasileiro da realidade (letras minúsculas mesmo)" (p. 5), um "processo penal inquisitorial de fazer corar Kramer e Sprenger, de levar ao extremo as exceções, de distender, esticar, levar à ruptura institucional (rupturas institucionais), não apenas sob a conivência dos Tribunais, mas com sua chancela explícita"(p. 4).

Com efeito, em uma sociedade global pautada pela desregulamentação, autorregulação e desjuridiciarização,[69] como observa Teixeira (2006, p. 10), "a opinião pública adquiriu uma experiência inusitada pelas coisas da justiça; operou-se a dessacralização da justiça, a desconstrução do mito da pena (de prisão), o abandono paulatino dos rituais". A noção de tempo e as expectativas sociais sobre o direito também mudaram, "parecendo desligar-se da

[69] O referencial teórico sobre a minha visão do direito na conjuntura é o de Faria (1999).

ideia de que a lei 'se tornou no princípio organizacional e estrutural de base do Estado contemporâneo'" (TEIXEIRA, 2006, p. 10).

Nesse contexto, opera o senso comum de que o sistema de justiça é moroso e injusto. No meio social são formadas diferentes convicções quanto à culpa ou a inocência dos acusados ou investigados (normalmente a culpa), a partir de informações veiculadas por variados canais de comunicação, e a opinião pública não compreende por que os casos demoram. Isso gera, "na consciência social, uma presunção de impunidade" (TEIXEIRA, 2006, p. 12).[70] O problema é que

> a essência da jurisdicionalidade reside no carácter justo da decisão do caso, ainda que, aparentemente, possa não ser este o aspecto mais importante que se reclama. Sob este prisma, decerto, a falta de independência, ou de imparcialidade, ou de competência, ou de bom senso dos magistrados" [para a opinião pública], "cercearia inapelavelmente a realização prática da justiça". (TEIXEIRA, 2006, p. 12)

Há, então, uma inversão de valores: "pede-se *celeridade*, cede-se o *direito*" (TEIXEIRA, 2006, p. 12).

O desafio do direito, como aponta o autor (2006, p. 13-14), é fazer com que "a justiça, não sendo a ordem em si, promova a ordem, ou, pelo menos, a estabilização contrafática; e não sendo uma técnica de intervenção social ou uma engenharia sociocomportamental, não redunde numa ruptura social".

É nessa tensão entre uma demanda social por celeridade e um modelo que prega a justiça por meio do processo que investigo a disputa em diferentes concepções sobre como opera o sistema de justiça criminal. Um meio privilegiado para acessar essa discussão na literatura é a reflexão sobre quão

[70] Em sentido semelhante, Leite (2013, p. 18-19) sustenta que as "pressões" por eficiência e celeridade "manifestam-se no Processo Penal, com o aprofundamento da distorção entre o tempo do processo e o tempo social. O sentimento de insatisfação em face da lentidão dos mecanismos processuais do Estado não é privilégio dessa época. No entanto, é algo que tenda a assumir caráter mais desafiador em ambiente complexo e conturbado como o contemporâneo. O tempo social é influenciado pelo tempo das empresas, da mídia, dos mercados financeiros. Por outro lado, a dimensão temporal da justiça assume valoração que lhe é própria e que prioriza a preservação da segurança jurídica. Nas palavras de José Eduardo Faria, o tempo nos tribunais é 'concebido como relação de ordem e autoridade, representada pela possibilidade de esgotamento de todos os recursos e procedimentos numa ação judicial'. O ritmo acelerado da sociedade contemporânea, portanto, confronta-se com o tempo necessário para a atuação dos órgãos jurisdicionais".

discricionário pode ser o órgão acusador e quanto importante é, para aquela ordem de ideias, a noção de legalidade.[71]

Este trabalho, portanto, é um esforço para a descrição de uma parte específica do "processo penal brasileiro da atualidade", e por isso não pretende tomar uma posição normativa quanto à margem de discrição do Ministério Público.

Importa destacar que o debate em torno das noções de obrigatoriedade e de oportunidade é feito por penalistas e processualistas sob diversos matizes. Pode-se examinar a questão sob o ponto de vista das teorias da ação, da existência, ou não, de uma teoria geral do processo, do que é melhor para atingir os fins das penas, para a busca da verdade, para a gestão do sistema etc. Por esse motivo, fez-se necessária uma simplificação e um enquadramento de diferentes autores, com nuanças diferentes de pensamento, em categorias.

Apresento três modelos utilizados pela doutrina, procurando contextualizá-los com as respectivas críticas. Inicialmente, exponho como é feita a classificação. Em seguida, trato do modelo de obrigatoriedade e de como questionamentos a respeito do papel do processo penal e percepções sobre a seletividade real são utilizados para analisá-lo. Depois, trato de um movimento que procura adequar as ideias de obrigatoriedade e oportunidade, por meio da defesa do processo penal mais racional, funcionalmente orientado para atuar como instrumento de despenalização, e como medidas justificadas por esse modelo foram questionadas. Por fim, apresento o modelo de oportunidade pura, em que a desjudicialização seria vista como um meio de aplicação da política criminal pelo Ministério Público, que poderia focar recursos no combate à criminalidade organizada, e as críticas que opõem esse modelo ao princípio da legalidade e à concepção de Estado de Direito.

3.1. Obrigatoriedade x oportunidade

A doutrina diverge na hora de explicar se o Ministério Público pode, em algumas situações, não denunciar alguns ou todos os acusados, e se pode desistir de uma ação penal.

[71] Como aponta Giacomolli (2006, p. 152), o princípio da legalidade é "o ponto de intersecção do direito processual e do penal, chegando a servir de ponte entre ambos, como no caso das exceções à obrigação de acusar que admitem uma ingerência de uma determinada política criminal dentro do direito processual".

É possível classificar esse fenômeno, pelo critério da liberdade de ação do órgão acusador, em três modelos, reveladores de uma divergência no que cada linha de raciocínio entende ser o papel do órgão no âmbito do processo penal.

No modelo de *obrigatoriedade*, o *Parquet* é compelido a promover a ação penal pública quando houver justa causa, vista como a existência de indícios suficientes de materialidade e autoria delitivas.[72] Como aponta Souza (2007, p. 163), a obrigatoriedade é vista como "um dever funcional do Promotor de Justiça", pois "lhe impõe o mister de provocar a atuação jurisdicional com o escopo de buscar a comprovação do fato que, em tese, se mostra típico e antijurídico à luz do direito penal vigente".

A obrigatoriedade funcionaria como um dos "mecanismos de suporte" do Estado Democrático de Direito, pois impediria "análises arbitrárias e potestativas acerca da conveniência de provocar-se a jurisdição penal", conformando a atuação do órgão ministerial "às regras do ordenamento jurídico posto, obstando a avaliação subjetiva [...] de critérios políticos ou de utilidade social" (SOUZA, 2007, p. 163).[73]

No modelo de *oportunidade pura*,[74] o Ministério Público exerce o direito de punir de forma discricionária, elegendo casos e pedindo a condenação pelo delito que entender mais conveniente ao interesse público. Esse modelo se aproxima do sistema de barganha anglo-americano.[75] Como aponta Martínez (2002, p. 525-526), "en la práctica es el fiscal quien domina por completo el procedimiento", não só podendo abrir mão de processar, como também negociando a pena. "Ese dominio del proceso que tiene el acusador estatal posibilita que las decisiones político-criminales tomadas por éste no puedan ser revisadas".

[72] A doutrina se divide sobre qual é o conceito de justa causa, sobre as condições da ação penal e conteúdo mínimo de elementos que devem embasar a inicial. Embora seja um tema de pesquisa atual, esse não é o objeto deste trabalho, valendo, por todos, a leitura de Tucci (2002) e a bibliografia por ele mencionada.

[73] Nesse sentido, Jardim (2010, p. 49) invoca Baumann para afirmar que "o princípio da obrigatoriedade nada mais é do que um desaguadouro de todo o sistema processual adotado pelo Estado de Direito, ainda que, aqui ou ali, se apresentem algumas regras particulares".

[74] López Calaza (2013, p. 94) esclarece que a oportunidade não pode ser descrita como um princípio, e sim como um critério. Um princípio ou uma regra descrevem um gênero determinado de coisas, enquanto a ideia de oportunidade está vinculada com o casual, dependente de uma situação concreta. Assim, não há como afirmar que algo casual seja um princípio ou uma regra.

[75] Embora não adotem, primordialmente, a estratégia de pesquisa de direito comparado, vários autores descrevem os modelos vigentes em países estrangeiros e fazem uma retrospectiva histórica sobre o assunto (GIACOMOLLI, 2006; JARDIM, 2010; LEITE, 2013; SILVA, 2000).

Como se vê, trata-se de visões antagônicas, pois, enquanto a obrigatoriedade quer afastar o Ministério Público de escolhas, a oportunidade as privilegia em nome da execução da política criminal.

Giacomolli (2006, p. 76) ressalta essa divergência, sustentando que "a oportunidade tem um duplo fundamento: favorecimento da política governamental sobre a justiça penal e da preponderância da justiça material sobre o formalismo legal", e que tal "influência de política" se oporia ao "Estado de Direito da segunda metade do século XIX". Isso porque, "hodiernamente, o princípio da legalidade, segundo Goldschmidt, cede à oportunidade, em nome da realização da Justiça material".

No modelo de *obrigatoriedade mitigada* ou *oportunidade regrada*, o órgão acusatório não tem margem de discrição no exame de todas as situações concretas, mas poderia decidir por não pleitear o direito de punir em condições previamente estabelecidas por lei, submetendo a sua posição a um juiz. Tal modelo se aproxima daquele adotado atualmente nas leis processuais da Europa continental.[76] Guariglia (2000, p. 92) aponta que, nessa concepção, "las condiciones para la aplicación del principio de oportunidad se hayan taxativamente enumeradas en la ley; sea procesal o substantiva y, por regle general, su ejercicio está sujeto a la aprobación del tribunal".

O modelo procura funcionar como uma solução mista entre as duas visões sobre como deve ser a ação ministerial. Trata-se, como se verá com mais detalhes a seguir, de uma tentativa de manutenção de um paradigma de legalidade. Ele receberia, "em toda a medida possível", estruturas de consenso entre os sujeitos processuais, de modo a estabelecer um "Processo Penal dotado da '*eficiência funcionalmente orientada*' indispensável à ultrapassagem da actual sobrecarga da justiça penal, sem menoscabo dos princípios constitucionais adequados ao Estado de Direito" (FIGUEIREDO DIAS, 2011, p. 16, destaquei).

É perceptível que, subjacentes aos debates entre obrigatoriedade e oportunidade, há diferentes concepções sobre o Direito, colocadas em xeque por uma prática cada vez menos explicada pela subsunção de fatos às normas processuais, em que os atores assumem o papel de criadores e executores de uma política criminal.

Nas linhas seguintes, revisito a literatura sobre o tema para organizar diferentes visões sobre o funcionamento do sistema de justiça criminal

[76] Vasconcellos (2015) prefere adotar a expressão "oportunidade legalmente regulada" no lugar de "oportunidade regrada", embora, por outro caminho, entenda, como Silva (2000), ser possível um contexto de obrigatoriedade como regra e não obrigatoriedade em situações taxativamente delineadas.

brasileiro, sem prejuízo da busca em artigos e manuais por outras opiniões sobre o tema. Note que este texto é diferente das monografias escritas sobre o tema até agora[77] porque: (i) não quer descrever como funcionam os instrumentos utilizados como espaços de consenso, como as transações penais, suspensões condicionais e acordos de colaboração; (ii) não aborda o modo como estão regulamentados os modelos de obrigatoriedade e oportunidade; (iii) não quer verificar a constitucionalidade dos modelos; (iv) não oferece um exame de direito comparado.

Como o objetivo é enxergar de que maneira a doutrina reagiu a demandas consideradas externas ao processo penal por uma parte dos autores, não faria sentido adotar alguma lei, a Constituição ou os direitos fundamentais como referencial. A proposta é investigar as respostas teóricas oferecidas para explicar o âmbito de discrição do Ministério Público, porque pretendo analisar o caso do ISS sob esse prisma.

Este capítulo está dividido em três partes: na primeira, procuro caracterizar o princípio da obrigatoriedade como um corolário de um processo penal instrumental ao modelo de direito penal mínimo (item 3.2); na segunda parte, procuro contextualizar a abertura da doutrina para a oportunidade, decorrente da meta de tornar o processo penal funcional, mantida a ideia de legalidade (item 3.3); na terceira, procuro descrever como a doutrina tem compreendido a situação atual (item 3.4).

3.2. O que move a obrigatoriedade é um ideal

A concepção de que o ordenamento jurídico brasileiro é regido pela obrigatoriedade é bastante difundida na doutrina brasileira,[78] que o relaciona como o princípio da legalidade no processo penal.[79]

[77] Parti da leitura dos trabalhos monográficos de Giacomolli (2006), Jardim (2010), Leite (2013), Pereira (2002), Silva (2000), Souza (2007) e Vasconcellos (2015) para o posterior mergulho em alguns textos neles mencionados, bem como na literatura estrangeira.

[78] Silva (2000, p. 33) destaca que até recentemente "não suscitou maiores divergências na doutrina" a inteligência de que "vigora no Processo Penal brasileiro o princípio da obrigatoriedade para a propositura de ação penal pelo órgão acusador, em que pese a ausência de texto expresso que discipline a matéria".

[79] Para Jardim (2010, p. 132), "o princípio da obrigatoriedade do exercício da ação penal pública decorre do caráter cogente das normas penais, sendo também uma consequência do princípio da legalidade da atuação dos órgãos públicos do Estado de Direito".

Antes de descrever seus caracteres principais, é importante situar o princípio da obrigatoriedade como uma construção histórica, relacionada ao tipo weberiano de direito racional-formal.[80] Os autores chamam a atenção para o fato de que a ideia de obrigatoriedade sucede um contexto inicial de vingança privada e, posteriormente, um modelo inquisitivo.[81] Um promotor de justiça independente, obrigado a oferecer denúncia sem olhar para o nome contido na capa dos autos, foi relacionado a uma demanda por igualdade e por um devido processo legal que assegure aos acusados, em geral, um julgamento justo.[82]

Embora não esteja prevista expressamente no texto constitucional ou infraconstitucional, a ideia de obrigatoriedade, sintetizando a visão de Jardim (2010), decorre das premissas de que: (i) o poder público está, no Estado de Direito, submetido à lei e detém o monopólio para aplicação da pena (somente o Estado, por meio da lei, pode aplicar um castigo penal às pessoas, e a eleição de quais comportamentos merecem esse castigo é feita pelo Estado, com base em critérios racionais); (ii) existe um interesse público na persecução de fatos criminosos, criador de um poder-dever de persecução penal;[83] e (iii) a aplicação de sanção depende de um processo (*nulla pena sine iudicio*), pois é direito do cidadão só ser punido se seu julgamento tiver respeitado o devido processo, e, então, o Ministério Público, como agente estatal, não pode fazer seleções que competem à lei penal, ele está obrigado a oferecer denúncia quando houver justa causa.[84]

[80] Sobre os modelos de pensamento jurídico em Weber, ver Kronman (2009, p. 117).

[81] Para uma breve descrição histórica da criação do Ministério Público em oposição ao regime do juiz-inquisidor, ver Casara (2014).

[82] Jardim (2010, p. 11) pontua que o Estado tem o monopólio e o "poder-dever de punir", porém "sua atividade está também vinculada ou disciplinada pela ordem jurídica. É preciso submeter a pretensão punitiva estatal ao crivo da busca dialética da verdade, através do Processo Penal de partes. O Estado se iguala ao indivíduo e torna a atividade jurisdicional não espontânea, persecutória, resguardando-se sua indispensável neutralidade e imparcialidade".

[83] "Arrogando-se para si o Estado a função de exercer a *persecutio criminis*, substituindo a vontade da vítima pela sua, tendo em vista a relevância social da apuração o delito e da imposição da reprimenda que vier a se mostrar adequada ao caso concreto, vencido o trâmite processual e observadas as garantias fundamentais do acusado, por certo que a sua ação não há de ser potestativa como a do acusador privado" (SOUZA, 2007, p. 157).

[84] Com excepcional concisão, Joaquim Canuto Mendes de Almeida (1973, p. 91-92) descreve, por meio de princípios elementares do processo penal, a visão que cerca o tema. Diz ele que "a) A ação penal é, sempre, ação pública. Mesmo a ação privada, cuja denominação é imprópria, é uma ação pública, porque o interesse que ela objetiva, a pena, é sempre um interesse público – aliás sua única justificativa – eis o princípio de publicidade; b) A ação penal, sendo de interesse público, é, não

3.2.1. A limitação do Ministério Público no modelo de obrigatoriedade

Seguindo essa ordem de ideias, quando o Ministério Público possui indícios suficientes de autoria de materialidade delitivas, ele deve oferecer uma denúncia, e, portanto, só pode pedir o arquivamento do caso com esse fundamento (a insuficiência de justa causa).[85] A justificativa para limitar a sua ação nesse binômio estaria baseada na falta de legitimidade, porque o poder/dever de punir não é do órgão acusador.

Os defensores da adoção do princípio da obrigatoriedade reconhecem que "sempre restará ao órgão estatal alguma margem para valorar os elementos fáticos que se encontram no inquérito ou nas peças de informação" (JARDIM, 2010, p. 52) e que o órgão ministerial possui ampla margem de juízo crítico acerca dos fatos que lhe são expostos (SOUZA, 2007).

O que a obrigatoriedade limitaria é a possibilidade de o órgão ministerial tecer considerações "sobre peculiaridades sociais, econômicas ou políticas como argumentos para justificar a atuação desconforme com o ordenamento positivado: ditos fatores devem ser sopesados no próprio processo de elaboração legislativa" (SOUZA, 2007, p. 169). A obrigatoriedade, portanto, restringiria os argumentos do promotor à "interpretação do ordenamento jurídico posto, dentro do qual pode livremente trabalhar" (SOUZA, 2007, p. 169).

um direito, mas um dever da administração: eis o princípio da obrigatoriedade; c) O exercício do direito e dever de ação, direito e dever de ordem pública, cabe sempre a funcionário público, mesmo quando nisso se tenha, pelo fato de agir, transmudado qualquer pessoa do povo ou um promotor *ad hoc*: é o princípio da autoridade ou da oficialidade; d) A administração tem como característico próprio a discricionariedade; mas a ação penal não se subordina a essa regra, é uma necessidade sempre que ocorram, em concreto, certas condições de fato previstas em lei; os funcionários do ministério penal agem, não porque, em cada caso, calculem qual seja o interesse público singular na imposição da pena, mas porque a lei os manda agir. É o princípio da legalidade no promoverem (necessidade) e no moverem (irretratabilidade) o procedimento penal; e) A espontaneidade deve ser observada pelo agente do procedimento penal porque, desde que por lei e não por determinação superior ou cálculo de oportunidade lhe compete a ação penal, esta deve ser consequência da simples notícia do crime: é o princípio do procedimento *ex officio*; f) A administração não pode, como noutros ramos de sua atividade, desenvolver-se, em matéria penal, por coação direta sobre os imputados. Considerações relevantes determinam-lhe agir por via jurisdicional: é o princípio da jurisdicionalidade do procedimento penal".

[85] Jardim (2010, p. 53) afirma que o *Parquet* possui uma "pequena dose de discricionariedade", que "não recai sobre o exercício ou não da ação penal", porém "apenas sobre a presença ou não do dever legal de propor a ação condenatória", pois é vedado "cotejar a prova conflitante para abraçar uma das versões existentes", cabendo a ele unicamente "constar se tem prova mínima para deduzir a pretensão punitiva estatal em juízo".

Ao tratar do tema, Joaquim Canuto Mendes de Almeida (1973, p. 86) afirma ser o legislador,[86] encarregado da política criminal, quem estabelece penas e cria tipos penais para a proteção de bens jurídicos caros a toda a sociedade, não o Promotor. Assim, "ou a pena é necessariamente reclamada pelo crime, para satisfação do interesse social – e deve ser inflexivelmente aplicada pelo poder público – ou pode ser discricionariamente evitada pela transação dos particulares ou funcionários do Estado e, então, não se justifica a cominação legislativa" (ALMEIDA, 1973, p. 86).

Daí decorre que "o Estado não tem, apenas, o direito de punir, mas, sobretudo, o dever de punir. Seus funcionários devem agir. A ação penal é um dever de ministério público e não simples direito" (ALMEIDA, 1973, p. 86).

3.2.2. A associação da obrigatoriedade com o princípio da legalidade

É possível enxergar interesses contrapostos na ideia do que seja o processo penal. De um lado, ele é um meio para que o Estado se veja legitimado a aplicar penas e punir pessoas por comportamentos indesejados e, de outro, funciona como uma salvaguarda, um conjunto de normas que deve ser seguido para assegurar que as pessoas tenham um julgamento justo, operando como instrumento de limitação do poder punitivo estatal.[87]

Essa limitação ao poder punitivo é feita por meio de formalidades, ou seja, há regras dificultando a demanda por punição para consagrar o direito de defesa, pois a relação "ministério público/arguido" não é como "uma relação entre partes, mas sim a que se dá entre um sujeito de poder e quem carece da possibilidade de defender a sua própria posição processual" (ANDRÉS IBAÑEZ, 2001, p. 32),

[86] Sobre essa questão, López Calaza (2013, p. 97) sustenta que os órgãos de persecução penal não devem determinar a política criminal do Estado, pois "la determinación de cuales sean, por lo demás, las actuaciones cualificadas como típicas – en abstracto – en cada momento histórico, tan solo compete al Legislador y su concreción – o subsunción de esa norma al caso concreto – a los Juices y Magistrados, en su función de juzgar y hacer ejecutar lo juzgado".

[87] Como será exposto melhor adiante, isso se observa na diferença entre autores que defendem uma maior oportunidade e os que defendem a obrigatoriedade. Na visão de Leite (2013, p. 17), defensora da adoção de mecanismos de oportunidade, "espera-se do Processo Penal que atue como instrumento de proteção da pessoa acusada, preservando valores previstos na Constituição e nos tratados internacionais. No entanto, deve resguardar também o interesse social na repressão dos delitos e no funcionamento satisfatório da justiça criminal". Já para Jardim (2010, p. 17), o processo penal seria, "sob certo aspecto", "mais uma forma de autolimitação do Estado do que um instrumento destinado à persecução criminal".

e por isso "a norma jurídica é o verdadeiro instrumento de proteção aos anseios sociais, o mecanismo de resguardo de efetividade dos direitos fundamentais" (SOUZA, 2007, p. 169).[88]

A ideia de obrigatoriedade, então, está associada a uma visão de direito como salvaguarda do indivíduo, da qual decorre o pensamento de que o Ministério Público integra o Estado e não pode fazer política criminal com o caso concreto. O indivíduo tem o direito ao processo, e então a simplificação e a adoção de formas consensuais não lhe são favoráveis, servindo para facilitar o poder de punir e não para ajudá-lo.[89]

A referência para a decisão sobre se alguém pode ou não ser processado, seguindo um modelo de obrigatoriedade, é a violação (ainda que potencial) de um bem jurídico tutelado pela lei penal. Haveria, a partir daí, uma associação mais clara com o caráter retributivo da pena, pois a necessidade de sanção decorre do descumprimento da lei, e não do fim de diminuir a criminalidade ou regenerar o delinquente. Além disso, a aplicação da sanção dependeria de uma decisão judicial, após um processo em que se apure que realmente houve o descumprimento da lei, e essa revelação seria feita depois da instrução, quando as provas colhidas sob o crivo do contraditório apontariam para uma aproximação da verdade real. Disso decorre a impossibilidade de condenação com base exclusiva na confissão, porque se busca a "verdade",[90] ainda que não se possa falar em verdade real.[91]

[88] Tucci (2002, p. 117), citando Noé Azevedo, afirma que o Estado atua a lei penal, pratica a lei penal, como obrigação indeclinável, e não como "simples ato voluntário, ou facultativo", impondo-se (2002, p. 120) "a efetivação do *ius puniendi* sempre que haja fato penalmente relevante a ser devidamente apurado e sobrelevado".

[89] "O primeiro pilar da função protetora do direito penal e processual é o monopólio legal e jurisdicional da violência repressiva. A justiça negociada viola desde logo esse primeiro pressuposto fundamental, pois a violência repressiva da pena não passa mais pelo controle jurisdicional e tampouco se submete aos limites da legalidade, senão que está nas mãos do Ministério Público e vinculada à sua discricionariedade" (LOPES JR., 2015, p. 173).

[90] Para uma explicação sintética e sofisticada sobre a questão da reconstrução de um fato pretérito e a busca de uma verdade, ver Coutinho (1998).

[91] Como aponta Maia Costa (2001, p. 39, destaques do original), "o princípio da legalidade da acção penal (que significa a obrigatoriedade de investigar quando existe notícia de uma infração e de acusar quando se recolherem indícios suficientes de uma infração punível e esteja identificado o seu autor), entronca na tradição romano-germânica, caracterizada pelo monopólio estatal da acção penal, e constitui um corolário da retribuição como fim das penas, embora sirva também os objetivos da prevenção geral, sendo instrumento essencial de efectivação do princípio da igualdade perante a lei. Em consonância com estes princípios, subjaz ao princípio da legalidade a ideia da procura da verdade material como objetivo do processo penal. Retribuição/oficialidade/igualdade/verdade: são estas as ideias-força do princípio da legalidade, na sua formulação 'pura'".

Como as ações do Ministério Público limitar-se-iam a pleitear a aplicação da lei, o órgão brasileiro goza de autonomia. O controle, sob o prisma da obrigatoriedade, é feito de forma predominantemente administrativo-judicial: discordando da denúncia, o juiz a rejeita, e, não entendendo ser caso de arquivamento, submete-o ao procurador-geral,[92] que pode decidir pela manutenção do arquivamento, pelo prosseguimento das investigações ou pela formulação de denúncia.[93]

3.2.3. A seletividade real e a massificação dos processos

Parte das críticas dirigidas à ideia de obrigatoriedade se dá a partir da perspectiva de que "el Processo Penal no es un texto, sino *escenificación, actuación*" (HASSEMER, 2001, p. 68, destaques do original). Autores passam a sustentar que a descrição do sistema de justiça criminal a partir do princípio da obrigatoriedade acarreta um déficit explicativo sobre a prática do processo penal, e o fazem citando estudos de criminologia, especialmente, apontando que os órgãos policiais e os promotores fazem uma seleção do que entra, quando entra e como entra no sistema penal.[94]

Autores ligados à criminologia, como Batista (2001, p. 26), apontam que "a seletividade, a repressividade e a estigmatização são algumas características centrais de sistemas penais como o brasileiro", e, por esse motivo, "não pode o jurista encerrar-se no estudo – necessário, importante e específico, sem dúvida – de um mundo normativo, ignorando a contradição entre as linhas programáticas legais e o real funcionamento das instituições que as executam".

O princípio passa a ser confrontado com um contexto de fóruns lotados de processos. O ideal de direito penal mínimo e a racionalidade do legislador,

[92] O controle sobre o arquivamento, assim como a divisão de tarefas entre o juiz que aprecia a denúncia e o juiz que preside a ação penal, foram objeto de mudança recente pela Lei n. 13.964/2019. No entanto, até o fechamento do manuscrito deste livro, referidos avanços estão suspensos por força de liminar do ministro Luiz Fux, do STF, na ADC 6.298/DF. A íntegra da decisão pode ser consultada em http://www.stf.jus.br/arquivo/cms/noticiaNoticiaStf/anexo/ADI6298.pdf. Acesso em: 3 de setembro de 2021.

[93] Para classificações e descrição das formas de controle do Ministério Público no Brasil, ver Silva (2000) e Souza (2007). Para uma perspectiva mais ampla, Figueiredo Dias e Costa Andrade (2013).

[94] Inobstante a importância do fenômeno para a descrição do funcionamento do sistema de justiça criminal, visto de uma forma geral, as seleções feitas pela Polícia não serão tratadas neste trabalho, por não aparecerem no *corpus* empírico pesquisado.

que decorreriam de um processo penal pautado pela obrigatoriedade, convivem com a inflação de tipos penais, o aumento de penas e a lotação dos estabelecimentos prisionais.

Por outro lado, observando o funcionamento do sistema criminal alemão na década de 1980, Figueiredo Dias e Costa Andrade (2013, p. 496) apontam que "a discricionariedade real" do Ministério Público "transcende em muito a discricionariedade formal, operando mesmo na perseguição de crimes, em relação aos quais vigora, sem excepções, o princípio de legalidade". A posição do órgão acusatório como "*gate-keeper* do sistema jurisdicional de resposta ao crime" faz com que ele enfrente o "estigma de Jano, condenado a ser e actuar (simultânea e contraditoriamente) como juiz e como polícia", e, ainda tenha de conviver, sendo uma das "agências definidoras da política criminal", com o seu "*ethos* de polícia e de juiz" (FIGUEIREDO DIAS e COSTA ANDRADE, 2013, p. 482).

Essa discricionariedade real funciona em uma linguagem dissimulada.[95] Contido na chave "há justa causa – não há justa causa", existe um jogo de cena em que promotor e juiz fazem política criminal por meio de interpretações mais ou menos elásticas sobre a força probante dos elementos contidos nos autos.[96]

Analisando processos judiciais que tramitaram no TJSP na década de 2000, especialmente os casos de execuções penais, Mellim Filho (2010, p. 140) aponta que as instituições atuam mediante processos de "criminalização e imunização de pessoas e ações por via hermenêutica e processual", "de forma a justificar, no exercício de um verdadeiro saber penal, a seleção daqueles sobre quem, individualmente, recairá ou não o peso do sistema penal, com maior ou menor rigor". No oferecimento da denúncia, "a atividade

[95] Figueiredo Dias e Costa Andrade (2013, p. 376) apontam a adoção de uma "lógica empresarial" no sistema formal de controle, em que a demanda por mais processamento de casos acarretou uma diminuição nos níveis de interação entre o delinquente e os membros dos órgãos de controle, que são cada vez menos pessoais e informativos. Se, por um lado, "as instâncias de controlo tratam quase exclusivamente de dados constantes nos autos, reduzidos a cânones estandardizados", as decisões não são somente "determinadas pelo sentido normativo das leis as aplicar, mas também – e quantas vezes, principalmente – predeterminadas por ideologias (no seu mais amplo sentido) interiorizadas por indivíduos que, em primeira linha, perseguem o sucesso profissional".

[96] Comentando sobre a atuação do Ministério Público de São Paulo, Silva (2000, p. 50) afirma que, "não obstante uma construção teórica para demonstrar a ausência do interesse de agir ou a necessidade de um exame provisório e antecipado de mérito, para que seja apurada a justiça da acusação, os pedidos de arquivamento, em verdade, prendiam-se a motivos de ordem prática da administração da Justiça, em vista da massificação das ações penais".

seletiva dos promotores de justiça realiza-se com desenvoltura na tarefa discricionária da avaliação do que sejam indícios suficientes para a instauração de determinada ação penal". Essa ação discricionária levaria em consideração "a avaliação da pessoa do suspeito, seu perfil e antecedentes" (MELLIM FILHO, 2010, p. 151).[97]

A seleção, cumpre ressaltar, "não é neutra, antes reprodutora das desigualdades socioestruturais", correndo-se o risco de pessoas funcionarem como "bodes expiatórios das frustrações colectivas em geral e das frustrações profissionais dos órgãos formais de controlo" (FIGUEIREDO DIAS e COSTA ANDRADE, 2013, p. 410). Daí o problema que se coloca na defesa do princípio da obrigatoriedade:

> el hecho de que no se admita la posibilidad de aplicación de criterios de oportunidad, como sucede en nuestro ordenamiento jurídico positivo, en nada afecta a la existencia de los mecanismos de selección; ellos funcionan siempre, dado que el sistema es incapaz de hacer frente al cúmulo de casos que en él ingresan; pero, al no existir control alguno, lo hacen en forma caótica, informal e irracional, en manos de operadores ignotos, y sin que resulte posible conocer el criterio utilizado para realizar la selección. (GUARIGLIA, 2000, p. 88)

Binder (2012, p. 4), por outro lado, aponta que a obrigatoriedade "establece un deber ser que podrá lograr que las realidades sociales se rijan por él, según la fuerza normativa que tenga, pero nada nos dice sobre su efectivo cumplimiento". O autor afirma que a obrigatoriedade é uma falácia idealista utilizada para a construção de um modelo de dogmática processual que crê, "confundida y confusamente, que sólo algunos temas del funcionamiento del sistema de justicia penal tienen entidad 'procesal' y por lo tanto teórica y otros son simples cuestiones de la 'realidad' o de la administración, que no merecen una reflexión teórica".

Nessa ordem de ideias, o professor argentino destaca existir uma visão extremamente simplista sobre o funcionamento do Estado, "quizás fundada en los viejos paradigmas weberianos donde burocracia y racionalidad van de

[97] Mellim Filho ainda cita uma passagem em que Thompson (1983, p. 32-33) afirma que, em decorrência do juízo valorativo sobre o que deve ser considerado indício suficiente, "muitas vezes o promotor requer o arquivamento por entender que o apontado autor não caracteriza um verdadeiro criminoso, ainda que esteja absolutamente certo da existência do crime e de ser o indiciado seu agente". No mesmo sentido estão Figueiredo Dias e Costa Andrade (2013, p. 499) e Teixeira (2006).

la mano" (BINDER, 2012, p. 4). Por isso, ao tomar conhecimento de que deficiências na organização da Polícia ou do Ministério Público que distorcem o funcionamento de regras processuais em todos os seus níveis, a dogmática ou "forma parte de una queja generalizada acerca de que la realidad no funciona o se evita todo esfuerzo teórico, distorsionando la agenda de preocupaciones teóricas y académicas" (BINDER, 2012, p. 4).

Vê-se, portanto, que o modelo de obrigatoriedade é relacionado com uma concepção normativa de processo penal, em que as normas surgem como salvaguarda das garantias individuais em face de um Estado que deve atuar de forma limitada e submissa à lei, porque a relação Estado e indivíduo é desigual. O processo é um instrumento de aplicação do direito penal, por meio de processos judiciais, em que o Ministério Público atua sob o paradigma da legalidade.

A obrigatoriedade é movida por um ideal, porque, quando os autores explicam o direito segundo esse princípio, optam por reivindicar dos operadores uma concepção normativa, escolhendo conviver com seleções não explicitadas ou disfarçadas de avaliação sobre pressupostos e condições da ação penal.

3.3. O que move a oportunidade é um projeto

Influenciada por observações empíricas[98] e por uma nova racionalidade normativa, no sentido de que o processo penal deve ser eficaz, funcionalmente orientado (FIGUEIREDO DIAS, 2011, p. 21) e assumir um papel na execução da política criminal,[99] há uma reação doutrinária que pretende

[98] Como observa Teixeira (2006, p. 24), "o postulado da oportunidade surge [na Europa continental] como uma *crítica da razão prática* (judicial) no império da legalidade. Decanta-se na "oportunidade real" que prolifera na vigência da legalidade oficial, na transmutação para níveis diferentes e em nome de conjunturas específicas da seletividade penal, no caráter utilitário de intervenção social que o direito penal não deixa de assumir num quadro de legalidade, transfigurando até este princípio de "marco" em "mito" do sistema" (destaques do original).

[99] Nesse sentido, Silva (2000, p. 63) aponta que "o fundamento da busca da chamada 'deflação processual' é criticado por parte da doutrina, que entende não ser tarefa dos juristas buscar formas alternativas para possibilitar uma produtividade estatal", mas "essa posição, embora seja sustentável no plano teórico, não resiste à realidade prática verificada nas instâncias formais de controle do direito".

inserir no processo *espaços de consenso*[100] que funcionariam *integrados a um paradigma de legalidade.*

Se, antes, o Poder Público estaria inteiramente submetido ao império da lei, só podendo agir nos limites por ela estabelecidos, agora os autores são porosos aos argumentos de que a sociedade demanda segurança e confiança nas instituições. Ao mesmo tempo, defendem que o acusado precisaria ser tradado e que os danos à vítima carecem de reparação. O processo penal precisaria, portanto, fazer algo em relação a isso.

O problema do acúmulo de processos decorrentes de crimes de bagatela, visto pelos defensores da obrigatoriedade como uma questão de direito penal, resolvida pela não criminalização de condutas não lesivas a bens jurídicos relevantes,[101] passa a precisar ser considerado por medidas processuais que deem eficácia ao processo.[102]

[100] Adoto a definição de Vasconcellos (2015, p. 59) no sentido de que a justiça consensual é "o modelo que se pauta pela aceitação (consenso) de ambas as partes – acusação e defesa – a um acordo de colaboração processual com o afastamento do réu de sua posição de resistência, em regra impondo encerramento antecipado, abreviação, supressão integral ou de alguma fase do processo, fundamentalmente com o objetivo de facilitar a imposição de uma sanção penal com algum percentual de redução, o que caracteriza o benefício ao imputado em razão da renúncia ao devido transcorrer do Processo Penal com todas as garantias a ele inerentes".

[101] Como aponta Jardim (2011, p. 55), "não podemos [...] fechar os olhos para os aspectos práticos que são utilizados para a justificativa do princípio de oportunidade. É imperioso constar a grave realidade da administração da justiça na maioria das grandes cidades, em todo o mundo. Buscam-se soluções para desobstruir os esclerosados canais policiais e judiciais, através dos quais deve passar a pretensão punitiva do Estado. Diante de tantos crimes graves, por que se preocupar com as infrações de pequena monta, de escassa relevância social? Fala-se em 'princípio da insignificância' ou 'princípio da bagatela'. Na verdade, a ninguém é dado ficar insensível a questões desta ordem, à medida que o problema vai afetar diretamente a efetividade do Processo Penal, pondo em risco a própria credibilidade do aparelho repressivo estatal, originando, em todos, sentimentos de insegurança e impotência. De nossa parte, não acreditamos que essa situação possa ser resolvida ou, pelo menos, mitigada através das normas processuais penais. Somos que não deva romper com o princípio da legalidade da atuação dos órgãos públicos, ainda que isto tivesse, na espécie, algum efeito prático. Neste campo, a questão da segurança é básica, como temos procurado demonstrar. Assim, a solução deste problema pode ser buscada no Direito Penal, pela adoção do 'princípio da intervenção mínima'".

[102] Giacomolli (2006, p. 116) entende que "somente o aperfeiçoamento do Direito Penal não é suficiente para evitar os efeitos danosos do Processo Penal, do *status* de condenado e da pena". Ressalvando a importação de medidas penais despenalizadoras e descriminalizadoras, o autor destaca que "nem sempre a política criminal do legislador atende aos mais simples princípios de direito", que "os fatos sociais evoluem em uma velocidade inversamente proporcional à atuação do legislador e que, "certamente, a mesma sociedade que legitimou o legislador no processo de tipificação, legitimaria a utilização de mecanismos menos danosos à situação criminal concreta" (GIACOMOLLI, 2006, p. 116).

Silva (2000, p. 58) afirma, invocando Costa Andrade, que, "no plano material e teleológico, o que está em causa é uma solução de continuidade ou de fusão entre a legalidade e a oportunidade, mediada por uma relação de comunicabilidade entre o direito penal substantivo e o Processo Penal". Giacomolli (2006, p. 89), com menção a Hassemer, comenta que o princípio da oportunidade se constituiu, na Alemanha, na "resignação imposta pelas necessidades do Direito Penal moderno, e não uma verdadeira opção, pois se choca com os princípios liberais processuais". O princípio surge, então, como "a forma encontrada pelo direito processual para reagir diante do aumento da capacidade do direito penal" (GIACOMOLLI, 2006, p. 90).

Como solução, é proposta uma divisão qualitativa dos casos. Para criminalidade baixa ou média, aquela que é menos danosa às pessoas, de menor potencial ofensivo, a solução seria o *consenso*, a flexibilização dos procedimentos, para fazê-los tramitar de forma mais célere e eficiente, mediante a criação de mecanismos de oportunidade. Assim, o Ministério Público poderia fazer acordos para a aplicação de penas restritivas de direitos em troca da renúncia do acusado em exercitar o seu direito de defesa no âmbito de um processo.

O foco do *Parquet* se centraria na criminalidade organizada, cuja postura é de *conflito*, mantendo-se a tramitação de processos nos moldes de obrigatoriedade.[103] É fundamental notar, ademais, que ainda há uma preocupação em manter hígida a ideia de legalidade,[104] pois os espaços de consenso,

[103] Silva (2000, p. 57) sustenta que o princípio da obrigatoriedade está em "crise" em face de diversas demandas da política criminal. Em primeiro lugar, houve uma "massificação de certas formas de delinquência", "resultando no aumento sem precedentes dos quadros do sistema formal de controle e em sua profissionalização, gerando uma verdadeira indústria da justiça criminal, cada vez mais burocratizada e lenta em razão do excessivo número de ações penais" (SILVA, 2000, p. 36-37). Ressalvando frequentes críticas sobre a excessiva ação legiferante no campo penal, bem como a necessidade de atenção à ideia de intervenção mínima do direito penal, o autor aponta uma tendência legislativa de simplificação dos procedimentos penais, por meio da distinção entre "criminalidade de massas ('pequena' e 'média' criminalidade)", em que haveria espaço para soluções de consenso, e "criminalidade organizada ('grande criminalidade')" (SILVA, 2000, p. 37), que imporia soluções de conflito.

[104] Silva (2000, p. 59) afirma vigorar, no ordenamento brasileiro, um princípio da oportunidade regrada, afirmando "de rigor sejam os casos suscetíveis de aplicação [do princípio da oportunidade] expressamente consignados em lei, a fim de preservar abusos por parte do titular da ação penal". O autor (2000, p. 57) assevera que "essa denominada crise da obrigatoriedade, entretanto, não representa a adoção ampla e irrestrita da oportunidade nos ordenamentos modernos. A mitigação desse clássico princípio está restrita somente aos casos previstos em lei, conforme expressamente faz referência o texto constitucional ao disciplinar a transação penal (art. 98, inciso I), não se podendo cogitar no direito brasileiro em ampla discricionariedade por parte do Ministério Público,

criados por lei, definiriam limites claros de discricionariedade. As opções ministeriais seriam, destarte, limitadas pela lei e no contexto da lei. Os autores dirão que

> a diferença entre oportunidade e consenso está em que este se aperfeiçoa quando ocorre uma manifestação volitiva com o mesmo sentido e finalidade, dos dois polos processuais – acusação e defesa – enquanto a oportunidade pode ser unicamente do legislador, da vítima ou de seus representantes legais, do acusador ou da defesa. (GIACOMOLLI, 2006, p. 74)

A possibilidade de celebração de acordos e espaços de consenso seria uma solução constitucional para diminuir a estigmatização, o etiquetamento da clientela do direito penal (entre vários, PEREIRA, 2002), atuando como um meio de concretização dos princípios da mínima intervenção que não conflita com a ideia de legalidade (BINDER, 2012, p. 10-11).

Esse tipo de solução foi adotado em diversos países na Europa[105] e, no Brasil, recebeu tratamento constitucional (art. 98, I, da Constituição da República) e legislativo (Lei n. 9.099/1995), com a criação dos Juizados Especiais Criminais. A lei processual foi então alterada para permitir que casos considerados de menor potencial ofensivo sejam resolvidos por composição civil, transação penal (o acordo é firmado antes de o Ministério Público oferecer denúncia, não há processo) e suspensão condicional do processo (o Ministério Público pode dispor da ação penal depois do oferecimento de denúncia, com a extinção da punibilidade sem julgamento).

na propositura da ação penal". Giacomolli (2006, p. 70), por sua vez, sustenta que "a expressão 'oportunidade regrada' não é correta porque não é a oportunidade, em si mesma, que se submete a uma regra: o juízo de oportunidade sempre consiste em dizer o que se considera oportuno, ainda que não coincida com o que, em princípio, se depreende da norma legal [...]. Isso não significa que não seja possível uma regulamentação de certos juízos de oportunidade. Não é a oportunidade que está sendo regrada, porque 'o oportuno não se regra', como já se afirmou, mas justamente o contrário, porque a oportunidade não é o princípio reitor". O autor (2006, p. 388, destaquei) afirma que, nos ordenamentos jurídicos criminais da Alemanha, da Espanha, da Itália, de Portugal e do Brasil, "verifica-se um certo poder de disposição", mas que os agentes estatais "não atuam sob o princípio de oportunidade, mas ante um permissivo legal, pois suas atividades e os efeitos de suas proposições estão limitados pelos requisitos estabelecidos em lei. *O princípio reitor inserido nestes ordenamentos criminais é a legalidade, e não a oportunidade*".

105 Essa tendência foi corporificada na Recomendação R(87)18, proferida pelo Conselho da Europa em 17 de setembro de 1987.

Como observa Teixeira (2006, p. 37), por um lado há uma ideia de otimização da reação político-criminal, "centrada na perspectiva do 'agente'", que pretende interromper o "início de carreira delinquente", assegurando mais "oportunidades (sem que tal signifique um 'amolecimento' dos valores juspenais); e, inversamente, 'contrariar a tendência para a delinquência' de quem reincide". Por outro, há a "lógica da eficácia, centrada nos 'órgãos formais de controle' através do qual se procura o alívio da justiça, tendo em vista a racionalidade de meios e melhores índices de celeridade e a optimização de perseguição da criminalidade grave, via fundamental na realização do Estado (Social) de Direito" (TEIXEIRA, 2006, p. 37).

O autor alerta que "esta é uma aspiração antiga, sempre presente ao longo da História, no sentido de flexibilizar, racionalizar e conferir eficiência na perseguição penal" (TEIXEIRA, 2006, p. 37).

3.3.1. Mudaram as regras, mas não mudaram as práticas

As críticas a esse modelo de mitigação ao princípio da obrigatoriedade se dão no sentido de que a adoção de medidas consensuais não cumpriu os fins pretendidos. A Lei n. 9.099/1995 não teria sido implantada corretamente e seus institutos despenalizadores não conseguiram sanear a enorme demanda por recursos do sistema de justiça. Colocada em prática, a lei mostrou "a fragilidade e o caráter ilusório deste consenso que se estabelece entre um Estado muito poderoso e a população brasileira em geral muito empobrecida" (PRADO, 2005, p. 85).

Figueiredo Dias (2011, p. 21) aponta que a consensualização do processo penal português, espanhol, italiano e brasileiro "não se baseia assumidamente em estruturas e procedimento de verdadeiro 'consenso', mas mais simplesmente em meras concordâncias perante (ou na aceitação de) propostas ou requerimentos de um ou mais sujeitos processuais dirigidos a outro ou a outros".

O que teria acontecido, na prática, é que os promotores pararam de pedir arquivamento e passaram a pleitear acordos. Os autores apontam que os acusados são estimulados a aderir aos acordos mesmo sendo inocentes, em razão dos riscos de serem condenados (PRADO, 2005; VASCONCELLOS, 2015; REALE JÚNIOR, 2008).[106]

[106] Giacomolli (2006, p. 290) também destaca que "os agentes públicos, mormente os magistrados e membros do *parquet*[,] com o intuito de fortalecer uma posição político-institucional,

Pesquisas empíricas (KANT DE LIMA *et al.*, 2003) apontam, ainda, que a criação dos juizados não diminuiu a demanda das varas criminais. Com base nessas observações, Vasconcellos (2015, p. 200) conclui que "os objetivos declarados da nova legislação (despenalização, racionalização e redução do número de processos nas varas comuns) distanciaram-se das consequências reais em sua concretização prática".

Aliás, Figueiredo Dias e Costa Andrade (2013, p. 391) já alertavam, nos anos 1980, o fracasso das medidas descriminalizadoras na Alemanha pré-queda do Muro de Berlim, pois

> ao projectar-se sobre a realidade, a lei criminal sofre a refracção devida aos *second-codes* das instâncias de criminalização secundária. O que vale também por dizer que a política criminal – formalmente legitimada através da (e plasmada na) lei criminal – sofre concorrências das políticas informais daquelas instâncias, as quais podem inclusivamente frustrar as reformas legislativas mais audaciosas. Na Alemanha Federal, por exemplo, atribui-se à rotina da actuação do ministério público o relativo insucesso dos programas de "diversão" – isto é, de desvio de casos para fora do sistema de justiça penal – recentemente introduzidos no Processo Penal relativo à pequena criminalidade.

Além disso, como aponta Mellim Filho (2010), os membros do Ministério Público assumiram o perfil de agentes políticos, o que "parece amoldar-se com perfeição à natureza difusa e coletiva dos chamados bens jurídicos que exigem a tutela do Estado e da sociedade também na área criminal". O autor sustenta existir uma "política criminal institucional, embora não nomeadamente vinculativa para os membros do Ministério Público", pois os promotores tendem a seguir as orientações políticas dos órgãos de cúpula, transmitidas por meio de avaliações feitas no início das carreiras, avisos e teses institucionais. O Ministério Público atuaria de forma semelhante aos movimentos sociais por segurança e rigor punitivo: "os promotores de

mas essencialmente utilitária – realizam o que pensa[m] e o que convém; o que é útil e abarca as necessidades, possibilidades, limitações e conveniências –, concentram todas as suas forças e esperanças na solução preliminar, para encerrar de imediato o caso e começar outro, aumentando quantitativamente a produção. Tudo isso sem maiores esforços jurídicos ou científicos, senão unicamente com a arte da argumentação, da persuasão, do poder da linguagem, especialmente dirigida aos acusados mais propensos a dar crédito a quem exerce alguma espécie de poder, inclusive o jurídico ou o institucional".

justiça começam a ganhar as ruas e assumir definitivamente a condição de investigadores e policiais, atuando em conjunto com os órgãos da imprensa policial, no exercício indisfarçável de uma agenda seletiva" (MELLIM FILHO, 2010, p. 182).

Nota-se, portanto, que a adoção de uma forma mitigada do princípio da oportunidade, por parte da doutrina, visou à implantação no direito processual de uma ideia de eficácia. Essa corrente de pensamentos é movida por um projeto, já que os processualistas passam a reivindicar, normativamente, uma relevância do processo penal para a execução de iniciativas despenalizadoras. Há uma procura de compatibilidade entre a atenção a demandas sociais e as garantias individuais por meio da flexibilização procedimental para casos mais simples.

No entanto, a concretização de institutos inspirados nesse modelo de processo penal, que prometia diminuir sua clientela em troca de algumas garantias, é contestada pela percepção de que não houve reais espaços de consenso.

3.4. O que move a oportunidade pura (barganha) é uma promessa

A tensão entre os conceitos de obrigatoriedade e oportunidade atingiu o seu auge nos últimos anos. Ao mesmo tempo em que há autores denunciando que um modelo de oportunidade pura não parece compatível "nem com o modelo europeu continental de um processo penal acusatório integrado por um princípio de investigação oficial, nem com a ideia do Estado de Direito e os princípios jurídico-constitucionais em que ele se plasma" (FIGUEIREDO DIAS, 2011, p. 17), há cada vez mais vozes sustentando a necessidade de mais espaços de *oportunidade* para o Ministério Público para que o Estado seja *eficiente* no combate da criminalidade organizada,[107] com o objetivo de diminuir a incidência de crimes graves.[108]

[107] O próprio conceito de criminalidade organizada, embora hoje tipificado, é bastante genérico, assim como o de corrupção, que é enxergada de uma forma muito mais ampla do que os tipos penais dos arts. 317 e 333 do CP.

[108] Nesse sentido, Marchisio (2006, p. 67) aponta que "el principio de oportunidad no es solo una herramienta útil para descongestionar el sistema de administración de justicia sino para aumentar el nivel de esclarecimiento de aquellos casos complejos que afectan más sensiblemente a la sociedad, en especial de la denominada delincuencia de 'cuello blanco' y delincuencia organizada, que produce un prejuicio social de tal magnitud que afecta a una importante porción de la sociedad".

Autores passam a afirmar um "consenso" de que o sistema criminal está em crise, pois

> o modelo atual não protege satisfatoriamente as garantias do investigado, não é capaz de recuperar o infrator e falha na finalidade de prevenção geral e especial, fatores que conjugados transmitem à sociedade um sentimento generalizado de descrédito na celeridade e efetividade da justiça. (OLIVEIRA, 2015, p. 11)

A racionalidade do Estado provedor, que, na intenção de ajudar os vitimados sociais, troca uma parte do direito de defesa pela expectativa de despenalização, é substituída pela de um Estado eficiente, que reconhece suas limitações de recursos e os concentra para atender ao interesse público. A salvaguarda de direitos individuais e a ideia de devido processo, nesse projeto, ficam relegadas a um segundo plano, ante o objetivo de dissuasão do crime.[109]

O modelo mais eficiente para a atuação do Ministério Público é o de barganha anglo-americano, justificado pela racionalidade de dissuasão.[110] A despeito da competência do júri para o julgamento em matéria criminal, a grande maioria dos casos naquele país é resolvida por meio de acordos, razão pela

O autor sustenta a necessidade de "generar a través del principio de oportunidad, una política de tolerancia zero respecto de la delincuencia organizada y la corrupción institucional", de modo que "el colapso judicial, deje de ser problema o en algunos casos la excusa que calza como anillo al dedo para evitar poner énfasis en lo realmente importante y dañoso para la sociedad en su conjunto" (MARCHISIO, 2006, p. 67).

109 Costa (2014, p. 491) aponta como um dos fundamentos do princípio da obrigatoriedade a função retributiva da pena, enquanto, em um sistema orientado pela adoção da prevenção como justificativa, a aplicação da sanção "se submete a considerações de utilidade". Daí, faz sentido prescindir de penas inúteis e, portanto, do exercício da ação penal em virtude de uma certa política criminal".

110 Vasconcellos (2015, p. 84-85) aponta as concepções de *law and economics* de Frank Easterbrook como uma defesa teórica do sistema de barganha. O autor americano teria partido da premissa "de que a função do Direito Penal e, especificamente, da punição, é a dissuasão/intimidação (prevenção geral negativa)" e a "autonomia e eficiência" legitimam os acordos. O autor ainda cita Gerard Lynch, para quem as barganhas não devem ser consideradas dentro do modelo de justiça criminal, mas um procedimento de natureza administrativa com regras próprias (VASCONCELLOS, 2015, p. 86). Costa (2014, p. 494) ressalta que, "nos países que adotam a discricionariedade na ação penal, muda a própria natureza da investigação e dos órgãos nela encarregados". Nos sistemas de *common law*, aponta o autor, o Ministério Público é integrante do Executivo e atua segundo critérios de conveniência política, enquanto no sistema continental europeu, em que o Brasil se espelharia, a investigação de delitos é o "exercício de uma função pública regida pelo princípio da legalidade e a cargo de órgãos judiciais", com controle jurídico.

qual a capacidade de processamento é aumentada, podendo ser orientada para prioridades.

Entretanto, trata-se de um mecanismo bastante criticado. Aponta-se que as *plea bargains* não são escolhas livremente consentidas, há várias pesquisas indicativas do que se chama de *overcharging*, ou seja, a criação de uma fictícia gravidade do caso para possibilitar melhores acordos para a acusação. Além disso, o

> controle judicial, na expressiva maioria dos casos, tornou-se uma mera formalidade, diante da brevidade irrisória dessa análise, da ausência de lastro probatório para o embasamento de uma decisão consciente e do interesse do Judiciário em reduzir ao máximo os casos em que o julgamento ordinário seja necessário. (VASCONCELLOS, 2015, p. 89-90)

A despeito da censura sob o ponto de vista normativo, observando o sistema de justiça alemão, Schünemann (2004) notou a tendência de absorção de técnicas de barganha típicas do modelo anglo-americano na Europa continental. Os processos passaram a ser fruto de negociações entre o Ministério Público e os acusados, que, em acordos, por vezes, velados, abririam mão do exercício da defesa em troca de penas mais leves.[111] Essa situação violaria o processo penal alemão. A ideia de um processo público teria sido substituída por uma negociação privada, e o juiz, o único autorizado a aplicar penas, passa a ser um homologador.[112]

[111] Segundo o autor, "después de que las ampliaciones legales del principio de oportunidad y las distintas medidas aceleratorias no resultaran suficientes, ni fueran un verdadero alivio, la práctica judicial alemana ha encontrado una solución radical propia. Esta se mantuvo durante muchos años encerrada en torres de silencio y recientemente en los últimos años ha surgido a la luz de la opinión pública. Me refiero con ello a los llamados acuerdos informales o conformidades en el proceso penal, que reducen el alto número de causas, simplifican los problemas de la práctica de la prueba en los procesos muy voluminosos y resuelven la reducida capacidad de la etapa de juicio oral o audiencia pública. De esa manera, han llevado a la justicia a controlar el desarrollo de la criminalidad, especialmente los delitos económicos que se encuentran en constante aumento. Estos acuerdos informales funcionan de forma similar al *plea bargaining* de los Estados Unidos; sin embargo, con una diferencia: en Alemania no contienen acuerdos formales, sino sólo un acuerdo basado en la confianza y, por otro lado, en ellos el acusado no se declara culpable (*guilty plea*), sino que formaliza una confesión que es valorada por el tribunal como el medio de prueba general para su culpabilidad" (SCHÜNEMANN, 2004, p. 179-180).

[112] Como narra Giacomolli (2006, p. 109), "o consenso informal no ordenamento criminal da Alemanha (*Abspraache*) contrasta com todo o sistema do Processo Penal alemão: acusação formal, a busca da verdade material, a atuação de acordo com o princípio da legalidade, publicidade

A ideia de busca da verdade no processo, "principio central y fundamental de un procedimiento penal continental europeo" (SCHÜNEMANN, 2004, p. 184), deixara de existir, substituída por uma tese consensual.[113] O acusado não mais contava a sua versão, mas faria um discurso de uma tese comum com a acusação. Como resultado, não haveria mais atenção para o processo, e sim "una regulación de conflictos regidos por criterios de poder y no por criterios jurídicos" (SCHÜNEMANN, 2004, p. 185) com o Ministério Público passando a acumular os papéis de acusador e de juiz.

Anos depois dessa fala, em 2009, houve a adoção do instituto consensual de acordos sobre a sentença, no direito alemão, "apesar do conhecido e quase sacral respeito que a práxis judiciária alemã manifesta pelo seu direito positivo", pois os acordos tornaram-se "uma realidade *sine lege* e *praeter legem* da prática judiciária germânica" (FIGUEIREDO DIAS, 2011, p. 23).

Nesse contexto, Figueiredo Dias (2011, p. 17) questiona se estamos no "fim do Estado de Direito" ou seguindo "um novo princípio". O autor aponta uma modificação no "ponto de equilíbrio" entre "a realização do interesse do Estado e de comunidade na administração da justiça, por um lado, e da defesa consistente dos direitos, liberdades e garantias dos implicados no processo, do outro". Ele é otimista[114] quanto à adoção de uma nova lógica de consenso, que seria mais horizontal, para a resolução de uma série de problemas por que o sistema de justiça criminal passa,[115] desde que tomadas cautelas para evitar

e oralidade da audiência e do julgamento. Por isto, os choques são importantes e inevitáveis, pois afetam a presunção de inocência, a liberdade de declaração, o direito de ser ouvido, o direito a um tratamento igualitário, assim como o direito a um processo com todas as garantias. Há uma 'supervalorização das ideias de eficácia na proteção jurídico-penal', com risco de perda da juridicidade, perigo para os imputados, e uma suprautilização da suspensão condicional como meio para os órgãos da persecução 'evitar trabalho e conseguir uma economia também do tipo econômico'".

113 Para Lopes Jr. (2015, p. 172), "[a] verdade consensuada, que brota da *negotiation*, é ilegítima. Ferrajoli lembra que nenhuma maioria pode fazer verdadeiro o que é falso, ou falso o que é verdadeiro, nem portanto, legitimar com seu consenso uma condenação infundada por haver sido decidida sem provas".

114 Segundo o autor, "não se dirá com razão ser este um instituto que somente presta culto a ideias de praticabilidade e de eficácia a todo o custo, de diminuição ou contenção da despesa pública, à custa irremediável dos ideais de justiça do caso" (FIGUEIREDO DIAS, 2011, p. 17).

115 O autor (2011, p. 26) elenca alguns sintomas do que aponta ser "os contornos mais salientes da crise actual da justiça penal, sobretudo em matérias como a da corrupção [...]", que comprometeriam a "efectividade da realização da justiça penal". Alguns deles são: (i) "multiplicação exponencial dos processos penais de dimensão monstruosa"; (ii) "processos penais – alguns de enorme relevo social, sociopolítico e mediático – extintos por prescrição ou dela ameaçados, até ao ponto de serem por vezes utilizados métodos pouco admissíveis, do ponto de vista da lealdade processual, com vista

o caráter impositivo e possibilitar o direito de defesa, tais como a mediação por um juiz, o controle recursal e a proibição de condenação com base exclusiva nos acordos. A ideia continua sendo a de mecanismos paralelos.

Entre nós, há uma divergência. Existem visões otimistas que entendem possível atender à "expectativa em torno do combate à criminalidade" na "sociedade contemporânea" por meio de mecanismos de consenso, vistos como "mecanismos processuais que assegurem atuação eficiente, sem ferir os marcos do Estado de direito" (LEITE, 2013, p. 16), e outras que entendem deparar-se com uma inevitável violação de "premissas fundamentais do Processo Penal democrático – necessariamente concebido como instrumento de limitação do poder punitivo estatal" (VASCONCELLOS, 2015, p. 23), pois "os mecanismos de barganha estão sendo ou foram implementados nos mais diversos sistemas jurídicos internacionalmente", "embora sejam amplamente reconhecidas as inúmeras e relevantes objeções, especialmente em relação à compatibilização com ordenamentos de origem continental" (VASCONCELLOS, 2015, p. 29). A adoção desses novos mecanismos intensificaria "aporias do sistema e implica, assim, graves violações a direitos e garantias fundamentais do Processo Penal de um Estado de Direito" (VASCONCELLOS, 2015, p. 31).

Nesse contexto de indefinição no plano doutrinário, foram promulgadas as Leis n. 12.846/2013 e 12.850/2013 prevendo a possibilidade de realização de acordos de leniência e de colaboração premiada, sob alguns aspectos assemelhados aos *guilty pleas* previstos no sistema americano de barganha.[116] Mais recentemente, foram implantados no processo penal brasileiro os

a obstar à prescrição"; (iii) "fases instrutórias de dimensão e duração absurdas, que se volvem de mero controlo da acusação ou do arquivamento em prejulgamentos ilegais e antidemocráticos; (iv) centenas de recursos interpostos na mesma causa; (v) "multiplicação *ad nauseam* e artificial do número de crimes em concurso imputados ao mesmo arguido, pelo mesmo facto da vida, pelo ministério público e/ou assistente".

[116] Vasconcellos (2015, p. 68) define o sistema de barganha norte-americano como "o instrumento processual que resulta na renúncia à defesa, por meio da aceitação (e possível colaboração) do réu à acusação, geralmente pressupondo a sua confissão, em troca de algum benefício (em regra, redução de pena), negociando o pactuado entre as partes ou somente esperado pelo acusado. Assim, são elementos essenciais à barganha a renúncia à defesa (desfigurando a postura de resistência e contestação do acusado), a imposição de uma punição antecipada e a esperança do réu em receber algum benefício por tal consentimento (ou em evitar uma punição em razão do exercício de seus direitos)". Citando Candace McCoy, Vasconcellos (2015, p. 69) sustenta que "seja explícita ou tácita ou algo entre isso, o ponto fundamental é que toda barganha acaba em um reconhecimento de culpabilidade (*guilty plea*) e, então, aborta o julgamento, e todo reconhecimento de culpabilidade é uma confissão".

acordos de não persecução penal, muito semelhantes aos *non-persecution agreements*, nos quais o Ministério Público e o acusado podem negociar a não sequência de um processo criminal, desde que preenchidos determinados requisitos, especialmente a confissão da prática da infração penal.[117]

Os acordos, assim como os outros mecanismos adotados no continente europeu, podem ser vistos como adaptações do modelo norte-americano para um outro paradigma de processo penal. Isso porque, aparentemente absorvendo as críticas mencionadas por Schünemann (2004) e Figueiredo Dias (2011) de que a pena só poderia ser aplicada em um processo criminal, pelo juiz, criou-se um sistema em que o indivíduo faz um acordo com o Ministério Público (algumas vezes preso) e passa o processo inteiro dependendo da avaliação do magistrado quanto à diminuição da pena. O crivo judicial, criado para protegê-lo, faz com que ele se submeta a um processo criminal depois de confessar e abrir mão de boa parte de seus meios de defesa, munido apenas da expectativa de auferir algum benefício.[118]

O que move a barganha é uma promessa, já que a adoção de mecanismos de oportunidade pura é justificada por uma expectativa de dissuasão dos crimes mais graves. A prevenção geral ocorreria por meio do aumento na resolução dos casos e da aplicação de sanções para situações envolvendo o amplo conceito de criminalidade organizada, que anteriormente não resultavam em penalidades.

Os autores que procuram argumentos no sentido da possibilidade de compatibilização entre espaços de maior liberdade para o Ministério Público com a concepção de Estado de Direito são influenciados empiricamente pela realização de acordos informais, e normativamente pela ideia de que o sistema de justiça criminal deve ser eficiente.

[117] Para exposições sobre os acordos de não persecução penal e críticas à sua implementação, ver Ferreira e Barbosa (2018) e Ribeiro e Costa (2019).

[118] Vasconcellos (2015, p. 70) aponta a semelhança entre o instituto da barganha e o da colaboração premiada brasileira, em que se pressupõe o reconhecimento da culpa e, a partir disso, "a incriminação de coautores e o desvelamento de informações importantes para a produção probatória; buscando-se um tratamento mais leniente". O autor ressalva que a lei não permite que o acusado seja condenado "exclusivamente com base na delação, sendo necessária a busca por provas confirmatórias", mas a postura da defesa de não oferecer resistência é semelhante à da barganha (VASCONCELLOS, 2015, p. 70).

3.5. Considerações finais: como olhar o caso do ISS?

Procurando revisitar a literatura de forma contextual, foi possível perceber que a obrigatoriedade da ação penal surge como uma conquista civilizatória de limite à atuação do Estado. No entanto, mudanças de racionalidade sobre o papel do Estado e sobre a função do processo penal, aliadas à constatação de que a obrigatoriedade não ocorre na vida prática, relacionam-se com o surgimento de propostas de consenso, culminando na possibilidade de normativamente defender um Ministério Público com poderes para decidir a atuação estatal com vistas ao interesse público.[119]

O sistema de justiça criminal enfrenta "um conflito entre uma lógica de produção e uma lógica de justiça" (FIGUEIREDO DIAS e COSTA ANDRADE, 2013, p. 380). Os autores citam uma observação de Rossey e Cressey no sentido de que, "sob o ponto de vista do legislador e do governo, a justiça não é um objetivo suficientemente compensador para um tribunal, porque [ela] não é mensurável" (FIGUEIREDO DIAS e COSTA ANDRADE, 2013, p. 380). Para mostrar aos contribuintes que o dinheiro investido no sistema de justiça é bem gasto, o meio mais adequado de medida é o de recursos *versus* número de casos, então "por razões de índole prática ou burocrática, o objetivo formal do tribunal – realizar justiça – sofre a concorrência de um objetivo não oficial – despachar casos" (FIGUEIREDO DIAS e COSTA ANDRADE, 2013, p. 380).

Minha ideia com isso é discutir no Capítulo 4 como o caso do ISS poderia ser explicado, no intuito de confrontar os resultados da pesquisa com o referencial teórico. A prática do direito deixa de ser atada à ideia de legalidade e garantias para a de um utilitarismo; a busca por eficácia de um direito que precisa resolver grandes problemas sociais como a corrupção faz com que os atores se sintam legitimados a atuar de forma mais flexível do que preceituam as regras positivas.

[119] Antônio Alberto Machado (1999, p. 137) aponta que "os órgãos do Ministério Público, enquanto operadores do direito, formados em uma cultura jurídica estritamente legalista, segundo os paradigmas (epistemológico e ideológico) do positivismo-normativista e do liberalismo jurídico, atuam em permanente tensão com as suas novas funções institucionais de corte acentuadamente jurídico-político, tensão esta que resulta do choque entre a cultura meramente tecnicista que permeia a formação desse operador do direito e os novos instrumentais jurídicos de sua atuação, estes últimos com forte conteúdo político e social".

Relembrando Binder (2012), é produtivo estudar os espaços de oportunidade no sistema de justiça criminal brasileiro, ainda que se discorde normativamente desses mecanismos, porque, do contrário, a descrição sobre o seu funcionamento será muito pouco ilustrativa, não permitindo nem sequer a realização de uma crítica embasada empiricamente.

Deixando de lado a defesa de posições apaixonadas sobre essa área, deve haver esforços para não se apegar a uma míope formulação normativa nem naturalizar a discrição e as seleções.

4. O PROCESSO PENAL DO CASO DO ISS

Percorrido o caminho pelos resultados da pesquisa e pelo quadro teórico, é preciso caminhar novamente rumo à pergunta de interesse: como o Ministério Público seleciona quem será denunciado, diante de fatos relacionados à corrupção?

Nas próximas linhas, destaco situações observadas a partir do caso do ISS, indicando o modo como algumas triagens feitas pelos promotores ensejaram denúncias contra determinados agentes. Abordo o controle feito sobre elas e as justificativas apresentadas para que o Ministério Público tenha essa liberdade. Em um segundo momento, procuro investigar de que maneira essas escolhas podem ter influenciado a imputação por concussão, e não por corrupção.

Ao final, busco relacionar os dados colhidos com características dos modelos de obrigatoriedade/oportunidade, refletindo sobre a compatibilidade entre o devido processo e as práticas observadas.

4.1. As principais escolhas

Durante o Capítulo 2, a pesquisa procurou mostrar que a atividade de formulação de denúncias, em um caso de corrupção, não se resume ao exame, feito a partir de investigações prontas, sobre a presença de justa causa para a ação penal, mediante uma clara delimitação de quem seriam as vítimas, as testemunhas e os acusados.

O caso do ISS foi construído para investigar e responsabilizar criminalmente fiscais que possuíam patrimônio discrepante com seus rendimentos. Houve uma ação proativa, conjunta entre grupo especializado do Ministério Público e a Controladoria, para investigar, de forma prioritária, fatos que já haviam sido levados a conhecimento da ouvidoria do município por meio de denúncias anônimas, mas que só despertaram a atenção das instituições depois de uma ação de monitoramento apontar a incompatibilidade patrimonial. O caso não só foi eleito para ensejar um procedimento de investigação interna, como, entre os PICs, foi considerado prioritário para tramitar mais rapidamente.

Deixando de lado essa primeira escolha sobre quais suspeitas de corrupção deveriam ser investigadas em detrimento de outras, é preciso voltar a atenção para a escolha de quem, dentro do caso, seria denunciado pela prática de crimes contra a Administração Pública.

Como se verá a seguir, foi possível identificar dois veículos para a seleção dos acusados: em relação a um fiscal que havia sido denunciado como intermediário, foi realizado um acordo de colaboração. Embora outros réus já tivessem celebrado acordos anteriormente, o Ministério Público invocou o art. 4º, § 4º, da Lei n. 12.850/2013 para afirmar que deixaria de oferecer denúncia, pois o delator seria o primeiro a revelar fatos sobre a organização criminosa e as informações prestadas teriam sido úteis. Essa escolha acabou sendo indeferida, sob o argumento de que o Ministério Público não pode selecionar quem serão os réus em um processo.

O outro veículo foi a adoção de um critério de autoria baseado no comportamento posterior relativo ao crime de concussão. Em um feito complexo, em que há dezenas de pessoas envolvidas, muitas páginas e documentos, foram ouvidas pessoas como empresários, funcionários públicos e indivíduos com vínculo afetivo com dois dos denunciados, mediante a afirmação de que depunham com a intenção de colaborar com as investigações. Embora, nos depoimentos, tenham estes admitido ciência e algum tipo de envolvimento com vantagens indevidas no âmbito da concessão dos certificados de ISS, tais pessoas foram arroladas como vítimas ou testemunhas de acusação. Não houve promoção de arquivamento ou oferecimento de denúncia, mas silêncio em relação à licitude ou ilicitude de suas condutas. Tampouco houve qualquer tipo de manifestação judicial negando a possibilidade dessas seleções.

Além disso, como se disse anteriormente, há uma coincidência entre as esposas de uma parte dos acusados que foram acusadas de concussão e os maridos que não haviam celebrado acordos de colaboração até o momento da confecção da inicial, o que sugere a inclusão de réus no polo passivo como um meio de estimular a celebração de acordos.

4.1.1. O controle sobre as seleções

Em um ambiente de multiplicidade, as seleções ministeriais podem ser controladas pelas outras instituições, que poderiam exercer suas competências para atuar em casos não investigados e contra agentes que o Ministério Público decidiu ficarem de fora das denúncias. No caso do ISS, vê-se que a Procuradoria do Município, embora desejasse e entendesse possível, optou por não se habilitar como assistente do Ministério Público nas ações, seguindo a estratégia delineada pelos membros das instituições na concepção do caso. Entretanto, sobre a situação de uma das construtoras, houve um nível de discordância da advocacia pública, que costumava assinar as petições cíveis em conjunto com os promotores. Essa desavença levou à propositura de ação civil contra uma das construtoras "vítimas", a despeito do que havia sido estabelecido entre as instituições.

A partir dos dados colhidos, não foi possível observar se as escolhas tomadas no caso foram submetidas a controle administrativo. Ele seria feito, fundamentalmente, se houvesse uma promoção de arquivamento no PIC e, também, no tocante à fundamentação sobre a necessidade de mais prazo para o término das investigações. Embora integrem um grupo especializado, sendo nomeados pela chefia, os promotores aparentemente tiveram autonomia funcional para direcionar as investigações e fazer os acordos, formais e informais, que entenderam necessários para coleta de provas.

No que toca à apreciação judicial das denúncias, foi possível observar situações em que juízes impediram o prosseguimento dos feitos, na forma pretendida pelo Ministério Público, por discordarem da maneira com que as ações penais foram propostas.

A divisão de fatos em diferentes denúncias, "objetivando a viabilidade e a celeridade das ações criminais", não foi aceita pelo Juízo da 21ª Vara. Como dito anteriormente, as iniciais foram direcionadas para essa Vara, mas houve recusa em assumir a competência para processar as demais ações penais, inclusive pelos outros magistrados que receberam os casos após a livre distribuição. Dos motivos apresentados pela juíza da 21ª Vara, destaca-se o argumento de que, como o Ministério Público optou por investigar em procedimento interno, sem supervisão judicial, não poderia escolher o juiz competente para apreciar o caso.

Os demais juízes questionam esses despachos afirmando existir conexão entre os feitos, pois praticados em um mesmo contexto de associação criminosa. Além disso, é apontada a necessidade de repetição de provas e traslado de grande volume de documentos, bem como a dificuldade para tramitação em diversos juízos em um caso no qual houve quebras de sigilo e cautelares patrimoniais. Em caso de sucumbência, seria difícil dividir quanto seria destinado a cada ação penal. A permanência em uma vara poderia "evitar a confusão e a impunidade" (fls. 1.320 – proc. 25ª).

O controle judicial sobre quem seriam os acusados foi observado apenas na apreciação de uma denúncia pelo Juízo da 8ª Vara Criminal. Como se viu no Capítulo 2, o magistrado sustenta que a vestibular acusatória omitiu a situação de um fiscal (que, diga-se, celebrou acordo de colaboração premiada depois de ser flagrado tentando comprar o silêncio de outro delator). Nos depoimentos prestados ao Ministério Público, o fiscal admite ter participado como intermediário na cobrança de propinas.

O juiz afirma não ser compatível com diversos preceitos constitucionais a formulação de denúncia por concussão, quando os "documentos acostados" nos autos e as declarações do delator indicam "fatos que incorrem nos termos do art. 317 (corrupção passiva) e 333 (corrupção ativa) do Código Penal" (fls. 3 – proc. 8ª).

A decisão da 8ª Vara Criminal sugere, em uma primeira leitura, que o Ministério Público não poderia deixar de denunciar um indivíduo que celebrou, formalmente, acordo de colaboração, ainda não homologado pelo juiz da causa. Não poderia, também, alterar a classificação do crime para adaptá-la à tese que pretende sustentar. A decisão afirma que, se o Ministério Público acha que um suspeito não deve ser denunciado, precisa promover o arquivamento e submeter sua manifestação a controle.

Todavia, embora diga ser "inadmissível a eleição de sujeitos", pois "ou se processa a todos ou não se processa ninguém", o magistrado não chega a tecer nenhum comentário a respeito dos autores do crime de corrupção ativa que menciona ter sido praticado. O indicativo, portanto, é de que, desde que seja tácita, a escolha de acusados é tolerada.

Uma possível hipótese contrária à de que os juízes permitem a seleção do polo passivo seria a de que eles podem não ter examinado os autos minuciosamente, a ponto de perceber nuanças ou patentes contradições entre a denúncia e o depoimento dos delatores. Isso não parece ter ocorrido no caso que tramita na 8ª Vara, em virtude da menção do juiz a vários trechos dos elementos constantes dos autos. Essa hipótese também se enfraquece com a manifestação do desembargador do Tribunal de Justiça, relator no mandado de segurança, afirmando parecer "evidente" a correção da tese ministerial de que compete à acusação escolher quem será denunciado.

Há outro indicativo de que a escolha é tolerada, proveniente do recebimento da denúncia pelo Juízo da 29ª Vara. A inicial foi recebida, contra os fiscais já demitidos, sem maiores considerações a respeito do polo passivo, apenas afirmando haver "indícios da existência do crime e de autoria e estando presentes os requisitos contidos no artigo 41 do Código de Processo Penal", e também foi aberta possibilidade de defesa preliminar para os que não haviam sido demitidos (fls. 710 - proc. 29ª). Mesmo depois da elaboração de respostas à acusação e defesas preliminares, em que os acusados questionam a qualificação dos fatos como concussão (*v.g.*, fls. 914/916 e 979 - proc. 29ª), o processo seguiu, sob a justificativa da "existência de provas do fato e de indícios razoáveis de sua autoria, bem como presentes as condições da ação e os pressupostos processuais" (fls. 1.056 - proc. 29ª).

Outra hipótese contrária possível seria a de que os juízes tenham entendido que esse controle deve ser feito posteriormente, durante ou ao final do processo. Não foi possível checá-la, porque os casos estavam em estágio inicial. Se verdadeira, essa possibilidade acarreta o esvaziamento da ideia de um controle sobre o exercício da ação penal, e processos natimortos, que seguiriam, por anos, até se discutir a competência, tomariam tempo com a instrução, para, ao final, haver um momento em que se teria que anular o processo. Seria impossível simplesmente aditar a denúncia, porque os eventos nela narrados seriam contraditórios. Há carência de uma circunstância nova, surgida durante o processo. O que ocorreria seria uma mudança completa na imputação, transformando testemunhas e vítimas em coautores.[120]

Como se vê, os dados sugerem que o Ministério Público é livre para selecionar quem denunciar e por qual crime, pois os juízes, de forma geral, não realizam nenhum tipo de controle sobre as narrativas ministeriais, permitindo o uso tácito de um critério de autoria baseado não no tipo penal, mas na conveniência para a colheita de provas. O veto às escolhas do Ministério Público sobre quem seria réu, quem seria testemunha e quem seria vítima só aconteceu em uma situação patente, em que os promotores fazem várias alusões a um fiscal na denúncia e justificaram expressamente a sua não inclusão no polo passivo.[121]

[120] Não se trata apenas de uma mudança na classificação de fatos idênticos, seria necessário um novo processo, pois os acusados não poderiam passar toda a instrução se defendendo da extorsão para, mediante aditamento, passarem a defender-se do acordo bilateral com as então vítimas.

[121] Importa ressaltar novamente que a manifestação alude ao art. 4º, § 4º, da Lei n. 12.850/2013, no sentido da possibilidade de não oferecimento da denúncia quando o colaborador for o primeiro a prestar "efetiva colaboração" e não for o líder da organização criminosa, mas o fiscal celebra o acordo quando outros já haviam o feito. As discussões, tanto nos autos da ação penal como em mandado de segurança, não abordam esses requisitos, centrando-se na possibilidade, ou não, de o Ministério Público escolher os acusados.

4.2. Corrupção ou concussão?

Foge ao escopo deste trabalho um debate dogmático aprofundado sobre os elementos dos tipos penais.[122] Todavia, uma das inferências possíveis a partir do caso do ISS é de que o Ministério Público adotou como critério distintivo entre corrupção e concussão o comportamento posterior colaborativo dos agentes. Quem entregou provas, forneceu uma admissão dos fatos e quitou eventuais débitos tributários feitos a partir de um novo cálculo foi considerado vítima ou testemunha de acusação.

O que proponho nas próximas linhas é uma abordagem transversal entre o direito substantivo e o adjetivo penal, apontando como a prática judiciária e a necessidade de coletar provas influenciam a leitura sobre os elementos nucleares do tipo penal, já que diferenças nos requisitos dos *Tatbestände* exigem cargas probatórias diferentes.

Para isso, apoio-me, principalmente, em um texto de Giovanni Fiandaca (2000) sobre a necessidade, na época, de reforma no Código Penal (CP) italiano, em decorrência de observações sobre a jurisprudência formada a partir do caso *Tangentopoli* a respeito da concussão. Como se verá a seguir, o penalista se propõe a problematizar os caracteres diferenciadores dos crimes contra a Administração Pública a partir das estratégias adotadas para a condução da Operação Mãos Limpas.[123]

[122] Em um diálogo com este trabalho e tratando de sentença proferida no caso dos fiscais do ISS, Scalcon e Araújo (2020) abordam a distinção entre corrupção ativa, passiva e concussão. Reconhecendo a dificuldade nessa distinção a partir do caso dos fiscais do ISS, as autoras oferecem um teste quanto à "identificação do direito ameaçado pela ação do extorsionista, verificando-se se a hipótese é de um direito já constituído, um direito prospectivo ou de um direito que sequer poderá constituir-se no futuro". De acordo com elas, "somente na primeira hipótese – na qual o particular submete-se à exigência para garantir direito que já possuía, mas cuja fruição era impedida pelo funcionário público – estaria totalmente clara a sua posição de vítima do crime de concussão. Caso tal 'direito' não fosse sequer constituível, tendo passado a indevidamente existir em razão e após a 'troca de vantagens' travada entre funcionário público e particular, a escusa anterior não seria válida, havendo fortes razões para enquadrar o particular como autor do crime de corrupção ativa. [...]. Trazendo essa discussão à decisão do juízo de São Paulo, com intuito de, em tese, chancelar a imputação criminosa ou a figura de vítima dos construtores e empreiteiros denunciados pela prática do delito do art. 333 do CP, é preciso determinar se o 'habite-se' era um 'direito já constituído' ou a 'vantagem trocada'. Na narrativa que compõe a decisão não há muitas informações que ajudem a solucionar desde já essa dúvida".

[123] Essa dificuldade é conhecida pela doutrina. Como aponta Bitencourt (2013, p. 99), "na *práxis* a demonstração de que se trata de solicitação (corrupção passiva) do funcionário corrupto e não exigência (concussão) enfrenta grande dificuldade probatória, assim como a comprovação de que se trata de concussão (exigência do funcionário) e não de corrupção ativa (oferta ou promessa)".

Antes de mais nada, é preciso apresentar os textos dos tipos penais em exame para ilustrar a questão: a corrupção passiva ocorre quando algum funcionário público "*solicitar* ou *receber*, para si ou para outrem, direta ou indiretamente, ainda que fora da função ou antes de assumi-la, mas em razão dela, vantagem indevida, ou *aceitar* promessa de tal vantagem" (art. 317 do CP). Essa vantagem se relaciona com a prática de um ato de ofício. Embora já se considere o crime consumado com a solicitação, recebimento ou aceitação da vantagem, se, em decorrência dela, o agente público retarda ou não pratica um ato de ofício ou o pratica violando seu dever funcional, a pena é agravada (art. 317, § 1º, do CP).

O particular que "*oferecer* ou *prometer* vantagem indevida a funcionário público, para determiná-lo a praticar, omitir ou retardar ato de ofício" (art. 333 do CP) comete o delito de corrupção ativa. Assim como na forma passiva, também há agravamento da pena pela ocorrência do resultado (art. 333, parágrafo único, do CP).

A concussão, por sua vez, ocorre quando um agente público "*exigir*, para si ou para outrem, direta ou indiretamente, ainda que fora da função ou antes de assumi-la, mas em razão dela, vantagem indevida" (art. 316 do CP). O particular que, cedendo à exigência, paga as propinas, não é punido criminalmente.[124]

Tais delitos se consideram consumados (salvo nas formas agravadas pelo resultado) desde a prática das condutas anteriormente mencionadas. Os crimes de corrupção passiva e concussão são classificados como crimes próprios, que exigem a condição especial de funcionário público para a atribuição de autoria.

Focando no núcleo dos tipos penais, vê-se que há situações em que o particular não aceita a propina que é *exigida*, *solicitada*, ou em que o funcionário público recusa a vantagem que lhe é *oferecida* ou *prometida*. Nesse caso, a vítima pode procurar as autoridades e relatar o ocorrido, cabendo às investigações a busca por mais elementos para formular uma acusação.

Há outras ocasiões, todavia, em que se descobre ter havido pagamento de propinas, sendo necessário distinguir se ele ocorreu porque o funcionário público as *exigiu*, se as *solicitou* ou, ainda, se *recebeu* ou *aceitou* vantagens que lhe foram *oferecidas* ou *prometidas*. Como aponta Bitencourt (2013, p. 99), "na *práxis*", essa distinção "enfrenta grande dificuldade probatória". O autor se refere

[124] "Na corrupção ambos são sujeitos ativos de delito (arts. 317 e 333), enquanto na concussão aquele de quem o funcionário exige a vantagem figura como vítima" (PRADO, 2014, p. 117).

à complexidade para a "demonstração de que se trata de solicitação (corrupção passiva) do funcionário corrupto e não exigência (concussão), assim como a comprovação de que se trata de concussão (exigência do funcionário) e não de corrupção ativa (oferta ou promessa)" (BITENCOURT, 2013, p. 99).

Para realizar esse discrímen, a doutrina penal oferece alguns critérios. Quando há pagamento de propinas, considera-se existir um sinalagma, uma relação bilateral, nas situações de corrupção. Existe, portanto, um *quid pro quo*, um concerto de vontades entre o pagamento e o recebimento da propina (PRADO, 2014, p. 115-117).

A concessão de vantagens decorrente de concussão, por sua vez, ocorreria depois de um ato unilateral do funcionário público, que poderia ser direto, ou, no que seria mais comum, executado na forma indireta, por meio de insinuações.[125] O particular paga porque é extorquido, vê-se diante de um constrangimento. Não há um acordo, e sim uma imposição.

Embora o que "sucede no interior do psiquismo do particular" não possa ser considerado "requisito do crime" (COSTA JÚNIOR e PAGLIARO, 1997), a avaliação sobre a configuração de uma exigência do agente público é considerada positiva quando existente o "*metus publicae potestatis*" (ALMEIDA, 1955, p. 52). E como objetivamente se reflete essa diferença entre um acordo e uma extorsão? Como um agente externo, tentando reconstruir fatos pretéritos, consegue percebê-la e demonstrá-la em um procedimento de investigação?

Os promotores responsáveis pelo caso do ISS parecem ter-se feito essas mesmas perguntas quando receberam, da Controladoria, um relatório apontando a incompatibilidade patrimonial de determinados funcionários públicos, atuantes em uma área na qual havia frequente interface com particulares. Os fiscais tinham poderes para calcular a quantia residual de impostos e conceder um documento necessário para a ocupação de imóveis.

[125] Magalhães Noronha (1981, p. 248) sustenta que, na concussão, "o núcleo do tipo é exigir, isto é, impor, ordenar e reclamar. Constrange o funcionário o sujeito passivo a lhe conceder a vantagem indevida. Sendo, como falamos, delito afim da extorsão, há também ofensa à liberdade individual, pois a ofende a exigência, equivalente a constrangimento. Pode esta ser feita abertamente pelo funcionário: valendo-se do cargo, intima, sem rebuços, pessoa a lhe conceder a vantagem a exigência explícita. Pode, entretanto, não revestir essa forma crua insólita, agindo, antes, o concussionário com manha, ou de modo capcioso. É maneira mais comum. Como escrevia Carrara, 'o funcionário venal não pede, mas faz compreender que aceitaria; não ameaça, mas faz nascer o temor de seu poder. Agora, o particular (houvesse ou não motivo justo de temer) compreende e teme; e oferece o dinheiro'. A primeira modalidade denomina-se explícita, a segunda implícita. Em qualquer delas há o *metus potestatis*".

Voltando brevemente para os resultados da pesquisa (Capítulo 2), foi possível observar a percepção da existência de um quadro de corrupção sistêmica na Prefeitura de São Paulo. A burocracia só funcionaria mediante o pagamento de vantagens, e todos seriam corruptos, desde o fiscal que atua em um nível hierárquico mais baixo até a chefia. A diferenciação entre os delitos, por sua vez, seria muito difícil a um agente externo. Embora essa diferença estivesse relacionada com a obtenção de vantagens, havia uma gama de situações diferentes em que não estava claro se o agente teve, ou não, vantagem. A dúvida aumentaria a partir do momento em que, mesmo aceitando o fato de que as construtoras tinham grandes prejuízos se os certificados não fossem emitidos, houve repetidos pagamentos ao longo do tempo, e uma vítima não costuma se submeter a um crime mais de uma vez.

Haveria situações em que os pagamentos podem ter sido feitos para agilizar a expedição de documentos ou reduzir o montante de impostos pagos, mas, também, existem casos em que a construtora nada devia e acaba tendo que pagar muito mais impostos. As investigações revelaram que pode ter havido vantagens aos fiscais em quase todos os empreendimentos. Os grandes empresários, que tinham acesso ao prefeito e a meios para influenciar a escolha das secretarias (ou seja, teriam meios para comunicar e fazer cessar o que estava acontecendo), teriam entregado, durante anos, montantes altos aos fiscais, no âmbito de centenas de empreendimentos.[126]

Havia uma percepção, no início do caso, da necessidade de uma narrativa de como teriam ocorrido a cobrança e o pagamento de propinas. Sem isso, seria mais difícil obter elementos para pleitear uma ordem judicial de afastamento de sigilo. Testemunhas e vítimas que possam contar sobre o pagamento de vantagens indevidas são consideradas provas importantes tanto na fase investigativa como na judicial em casos complexos, pois, mesmo com o uso de tecnologia, os poucos vestígios do crime costumam ser apagados depois da prática delituosa.

Esses fatores influenciaram a utilização do comportamento posterior dos empresários como critério distintivo entre a corrupção e a concussão. No caso do ISS, o meio para aferir se a sucessiva concessão de vantagens, ocorrida desde o início de 2007, decorreu de uma exigência ou de um acordo foi

[126] As propinas não parecem ter sido um meio para que os empresários tivessem qualquer vantagem sobre os seus principais concorrentes, dado o envolvimento geral (a propina parece estar embutida no planejamento do custo da obra, pois os empresários chegaram a pedir aos fiscais que abrissem empresas para viabilizar pagamentos que não poderiam mais ser feitos em espécie).

o exame sobre a postura dos empresários perante as investigações, em 2013 e 2014.

Uma das formas de explicar esse acontecimento é que, das vítimas de concussão, esperava-se o comparecimento espontâneo perante as autoridades para narrar o crime e pedir providências. Daí a realização de reuniões com o sindicato para a divulgação de que o Ministério Público estava investigando o setor de arrecadação e, por isso, as vítimas tinham um meio de comunicar às autoridades as possíveis ilegalidades praticadas pelos funcionários do setor.

Porém, essa expectativa teria sido mitigada, pois as consequências jurídicas da admissão do pagamento de propinas são tão graves, em diversas áreas, que não haveria segurança para que quem foi obrigado a dar vantagens indevidas pudesse procurar as autoridades e narrar o ocorrido.

Ante esse obstáculo, teria sido preciso criar um ambiente de segurança, com autoridades de várias áreas, coordenadas, para explicar que a narração de uma *exigência* não seria considerada a *solicitação* de propinas. Tal estratégia só teria sucesso se os particulares e seus advogados confiassem nas autoridades. Então, não teria sido possível voltar atrás para dizer que houve corrupção, mesmo depois da descoberta de situações mais parecidas com um ajuste de vontades do que com uma exigência, sob pena da perda de credibilidade, necessária para o acesso de informações em casos futuros.

Um fator concorrente, ou concomitante, para a adoção desse critério diferenciador é a constatação da possibilidade de celebração de acordos com os autores dos delitos, obtendo confissões e novas informações sobre o caso e sobre outras irregularidades.

Os indivíduos celebram acordos em situações limite: (i) se estiverem temerosos da prisão, especialmente; (ii) se tiverem uma restrição em seus bens; e (iii) se houver risco do envolvimento de sua família na acusação.

O Ministério Público em São Paulo enfrentaria obstáculos, pois os juízes paulistas tenderiam a não ter uma postura rigorosa o suficiente para que os indivíduos se sentissem premidos da necessidade de celebrar um acordo. Seria muito difícil obter a decretação de prisão cautelar em situações semelhantes. Essa posição de desvantagem faria com que se tivesse que pensar em outras soluções para obter provas, tal como ocorrido no caso do ISS.

Os particulares tomaram conhecimento de que seriam tratados como vítimas e testemunhas, mas, para isso, precisariam portar-se como tal e revelar tudo o que soubessem. Mesmo diante de uma resistência inicial, depois da ampla divulgação da prisão dos fiscais e da celebração de acordo de colaboração com um deles, a posição de vantagem do Ministério Público começou a aumentar até o ponto em que, no final das investigações, os empresários compareciam voluntariamente para ceder informações e provas.

Vários empresários teriam passado a notar que a defesa seria muito complicada, buscando acordos. Tal consequência, aliada à apreensão de uma tabela contendo dados sobre grande parte dos empreendimentos de São Paulo, explicaria como um caso que se planejou localizado teria resultado em informações suficientes para anos de trabalho. O Ministério Público poderia tratar em procedimentos internos, em que teria maior controle, as situações das empresas consideradas vítimas. As demais seriam investigadas pela Polícia para posterior juízo sobre qual o crime praticado.

O fato de os termos de depoimento mencionarem dispositivos reguladores do instituto da delação premiada, aliado ao uso de expressões como o desejo de "colaborar com as investigações" é, como se viu anteriormente, indicativo da realização de acordos que, caso formalizados, poderiam ser contestados, já que um colaborador não pode ser transformado em vítima ou testemunha, devendo manter-se na posição de réu.

Isso não ocorre apenas com empresários. Uma funcionária pública que tinha algum grau de ciência dos fatos e alguma participação, inclusive recebendo valores do grupo de fiscais, tendo se relacionado de maneira extraconjugal com um deles, informou tais fatos em seu depoimento, não foi denunciada e em relação a ela também não houve pedido de arquivamento.[127]

Por outro lado, como se disse anteriormente, duas cônjuges de fiscais que não haviam celebrado nenhum tipo de acordo de colaboração são acusadas de participação em concussão, pois teriam auxiliado seus maridos a receber propinas "utilizando-se das empresas que eram sócias administradoras e se beneficiado do 'lucro ilícito'" (nesse sentido p. 41, 44 e 45 da denúncia). Elas, e outros familiares, também são acusados de lavagem de dinheiro, por terem auxiliado a ocultação das vantagens por meio de "empresas de fachada" (cf. p. 71).

A imputação de concussão, portanto, sofreu uma notável influência do modo como o Ministério Público concebeu a coleta de provas. O problema dos critérios diferenciadores (vistos como imperceptíveis para um agente externo, no mundo real em que as situações não são claramente definidas)

[127] É possível que existam novas denúncias ou investigações que não estejam no âmbito do meu conhecimento (lembrando que a maior parte dos processos é sigilosa), mas o indicativo é de que ela tenha sido escolhida para ser uma testemunha de acusação, sem que se tenha abordado o seu próprio envolvimento nos fatos.

foi resolvido mediante uma escolha de quem seriam os autores e quem seriam as vítimas.

Inobstante trate da situação italiana, Fiandaca (2000, p. 883) aponta a necessidade de adoção de uma abordagem integrada entre o direito penal e o processo penal para repensar a disciplina da concussão e da corrupção. O autor afirma que a doutrina penal não leva em conta o "carattere 'sistemico'" dos crimes contra a Administração Pública, delitos que estariam presentes em todos os grupos sociais daquele país (FIANDACA, 2000, p. 885). Dessa forma, seria preciso pensar a corrupção e a concussão não como atos isolados, mas como um fenômeno que se aproxima da associação criminosa entre particulares e funcionários públicos.

A partir da jurisprudência italiana, especialmente a referente aos fatos apurados na Operação Mãos Limpas, o autor afirma existir um sistema de ilegalidades estável e difuso, em que as transações criminosas não se exaurem em um ato de concussão ou de corrupção, podendo assumir uma perspectiva de continuidade e progressão. O sinalagma da corrupção, por vezes, também não é claro, pois o agente particular pode pagar não pela realização ou omissão de um ato, mas para estabelecer uma relação de companheirismo e ter o funcionário à sua disposição. Por isso, qualificar aqueles eventos segundo um esquema de concussão ou de corrupção, "in funzione dela prevalenza che sembra predominare nei diversi momenti contingenti", pode não descrever bem um tipo de desvalor substancialmente unitário (FIANDACA, 2000, p. 886).

O autor aborda a concussão ambiental, uma construção das cortes italianas, atualmente tipificada no art. 319 do CP daquele país. Esse tipo de crime ocorreria quando o ambiente corrupto intimida o indivíduo (o agente teria convicção de que somente mediante propina seria possível interagir com o funcionário público). A exigência de vantagens seria tácita, mas constrangeria o particular a pagá-las.

Fiandaca (2000, p. 889) afirma que a categoria sociológica da ambientalidade é, a despeito da sua sofisticação, um meio de simplificação processual, por ser menos "vincolato al rigore richiesto (almeno in linea teórica) dall'acertamento empírico di tutti i presuposti dela punibilità secondo la normativa vigente". Assim, torna-se possível substituir a prova de que o agente estava intimidado quando houve o pagamento de propinas pela "intimidazione d'ambiente", uma categoria sociológica impalpável, e, então, suscetível a uma reconstrução segundo um esquema de presunção. Assim, seria possível não exigir a prova de ter havido um constrangimento por parte do oficial, bastando demonstrar que o ambiente é intimidador (FIANDACA, 2000, p. 890).

O autor parece estar se debruçando, também, sobre o caso do ISS quando chama a atenção para

> il non indifferente vantaggio, sempre sul terreno probatorio, offerto dalla possibile collaborazione del privato, il quale nel ruolo più comodo di concusso è posto in condizione di denunciare diffusi fenomeni di malcostume, non incorrendo in una incriminazione: in questo modo, il ricorso alla concussione ambientale spezza la solidarietà 'omertosa' tra corruttore e corrotto. (FIANDACA, 2000, p. 890)

O penalista afirma, ainda, que os elementos diferenciadores da concussão e da corrupção, apresentados pela doutrina e pela jurisprudência, são critérios que tiveram uma função bifronte, atuando entre o direito substantivo e o processual. As condutas não são analisadas a partir do elemento subjetivo/psicológico, ou objetivo/externo, mas do ponto de vista probatório.

A doutrina teria apresentado como solução aferir quem, particular ou público, toma a iniciativa,[128] ou se o particular teve vantagem ou prejuízo, para dizer se um caso é de concussão ou de corrupção. Porém, o caso *Tangentopoli* (assim como o do ISS) mostra que a iniciativa e a vantagem, conquanto sejam indicativos de uma ação mais ou menos interessada e livre do particular, não ilustram precisamente relacionamentos duradouros e contingentes entre empresários e funcionários públicos. Servem, no entanto, para generalizar e presumir, sob a ótica probatória, a presença ou a ausência de um constrangimento ao privado (FIANDACA, 2000, p. 892).

No caso do ISS, na primeira denúncia o Ministério Público parece ter apontado a relevância do componente de vantagem ao pontuar que "algumas construtoras perceberam que poderiam lucrar com esse esquema criminoso, por intermédio da real redução do valor do tributo devido, vindo seus representantes a aderir à conduta dos agentes públicos" (p. 11 da denúncia).

Entretanto, o *Parquet* deixa de promover o arquivamento ou inserir tais pessoas no polo passivo da ação penal mediante a justificativa de que os fatos estavam sendo investigados e de que, "apuradas estas práticas criminosas, os fatos serão objeto de denúncias a serem ofertadas em momento *oportuno*" (p. 11 da denúncia, destaquei).

[128] Nesse sentido, no Brasil, está Prado (2014, p. 115).

Nessa esteira, Fiandaca (2000, p. 421) concorda com um diagnóstico de Grosso a respeito de a Operação Mãos Limpas ter classificado como concussão uma incontestável associação criminosa formada por funcionários públicos e particulares, e que essa atitude se deveu à política judiciária, ou "política *tout court*". Aquele autor afirma que a não inclusão desse tipo penal nos processos

> que invece sarebbe stata verosilmente doverosa in forza dei principi di legalità e obbligatorietà dell'azione penale, si spieghi sulla base di calcoli di opportunità latamente intensa: calcoli che hanno indotto gli organi inquirenti a mantenere il controllo penale entro i più angusti e rassicuranti confini dei classici reati contro la pubblica amministrazione. (FIANDACA, 2000, p. 495)

Como se percebe, há uma aparente semelhança entre os dilemas e as escolhas das autoridades brasileiras e italianas sobre como levar a juízo as situações em que houve pagamento de vantagens pessoais a funcionários públicos. A situação narrada pelo mencionado autor, ocorrida no começo dos anos 1990, joga luz sobre como as autoridades podem utilizar o direito substantivo para buscar uma simplificação probatória.

Tratou-se igualmente o empresário que nada devia e pagou propina porque estava coagido, o que devia e pagou propina para pagar menos impostos ou para ter o trâmite de seu procedimento agilizado, o que devia pouco e acabou tendo que pagar propina em valor maior, o que nem sequer estava na empresa na data dos pagamentos, o que pagou uma vez, o que pagou durante anos, o que pediu aos fiscais para abrir uma empresa e possibilitar os pagamentos...

A generalização ocorrida no caso do ISS se aproxima da ideia de que pudesse ter havido uma concussão ambiental no Departamento de Arrecadação da Prefeitura de São Paulo. Ao considerar os particulares vítimas, a coleta de elementos de informação tende a exigir menos esforço, pois aproxima o Estado de uma parte dos envolvidos em um fato, em tese, criminoso, contra os eventuais comparsas. Além de os particulares não exercerem a defesa, inquerindo as questões processuais e de mérito que pudessem surgir, a troca de imunidade por admissões dos fatos e pagamento dos tributos, em um momento mais adiantado do PIC, fez com que as pessoas começassem a procurar o Ministério Público voluntariamente para entregar documentos e esclarecimentos sobre novos fatos.

Comentando essa tendência de simplificação, Fiandaca (2000, p. 893) destaca os sintomas de um direito penal que pretende ser eficaz, refletindo-se, também, em mudanças legislativas, como a edição de tipos penais com menos elementos para tratar de situações já consideradas crimes.

Essa tendência, no Brasil, pode ser percebida na atuação política de um grupo do Ministério Público Federal,[129] ao submeter ao Congresso um projeto de lei criminalizando o enriquecimento ilícito. A justificativa apresentada pela instituição é a de que "a dificuldade de provar a corrupção garante a impunidade e incentiva o comportamento corrupto". Embora se afirme, "adicionalmente", que a incompatibilidade patrimonial é carecedora de castigo penal por força de tratados internacionais que recomendam sua punição,[130] a justificativa para a reforma legislativa é a de que "a criminalização do enriquecimento ilícito garante que o agente não fique impune mesmo quando não for possível descobrir ou comprovar quais foram os atos específicos de corrupção praticados".

Fiandaca (2000, p. 893-894) diz concordar com um julgado no sentido de que o direito substantivo só pode demandar o que possa ser adjudicado e provado. Pondera, todavia, sobre o perigo de a "funzionalizzazione processuale", redescrição simplificada dos fatos típicos feita na jurisprudência, deixar de lado a função de garantia do *Tatbestand*. Afinal, o cidadão precisa saber se determinada conduta é lícita ou criminosa a partir do tipo penal, e não da criação processual sobre aquele texto.

O caso do ISS revela que as escolhas do Ministério Público podem ser realizadas mediante releituras dos tipos penais da concussão e da corrupção. Essa adoção de outros critérios diferenciadores, a despeito de extrair do caso a sua complexidade e torná-lo homogêneo, facilitando a adjudicação, expõe uma priorização da possibilidade de levar mais casos ao Judiciário sobre a ideia de tipicidade.

4.3. O caso do ISS e os modelos de obrigatoriedade e oportunidade

Para avaliar os resultados da pesquisa sobre o caso do ISS sob a ótica dos modelos de obrigatoriedade e oportunidade, elaborei o Quadro 1, a seguir, que expõe diferentes características de cada um desses tipos ideais.

[129] Trata-se da segunda das chamadas dez medidas contra a corrupção. Essa iniciativa, amplamente divulgada, está disponível em https://dezmedidas.mpf.mp.br/apresentacao/conheca-as-medidas, acesso em 3 de setembro de 2021.

[130] Cumpre lembrar que o enriquecimento ilícito já acarreta punição tributária, administrativa e disciplinar.

O comparativo foi feito a partir das noções teóricas referidas no Capítulo 3, especialmente no mencionado texto de Hassemer (2001), em que o autor contrapõe um modelo de direito em que vige o princípio da obrigatoriedade a outro em que preponderaria o princípio da oportunidade.[131]

Quadro 1 – Comparativo entre modelos processuais

COMPARATIVO	MODELO DE OBRIGATORIEDADE	MODELO DE OPORTUNIDADE
Postura diante da demanda de casos	Direito processual acessório do direito penal mínimo	Direito processual como instrumento de dissuasão
Grau de seletividade	Equidade	Prioridade
Formas de controle	Controle judicial	Controle político
Finalidade da instrução	"Verdade real"	Tese comum
Fase pré-processual	Inquisitório	Acusatório
Ideia principal	Legalidade	Eficiência

Fonte: Elaboração própria.

Examinando o caso do ISS sob essa perspectiva, nota-se a aproximação de várias características de um modelo de oportunidade convivendo com atributos próximos ao regime de obrigatoriedade, como o controle judicial das escolhas e um caráter inquisitivo na colheita da prova. Houve uma ampla margem de discrição do Ministério Público, realizada de forma não declarada nos autos, mediante a invocação de dispositivos inaplicáveis naquelas situações: intima-se, na qualidade de testemunha, alguém que é ouvido com fundamento no artigo que disciplina a colaboração premiada, na qualidade de vítima, e promete "colaborar com as investigações" mediante declarações que são consideradas pelas autoridades uma "confissão".[132] Para todos os atos, a menção a dispositivos de lei acaba dando uma roupagem de obrigatoriedade para uma dinâmica de oportunidade.

[131] Embora o autor utilize as categorias de "clássico" e "moderno" para designar os modelos de pensamento de direito, entendi que pode causar algum tipo de confusão a possível associação de tais nomes à ideia de modernidade ou a algum tipo de evolução no tempo, afastando as categorias de suas ideias-chave.

[132] Ver item 2.6.

No Capítulo 3, aponto que a legislação brasileira foi incorporando espaços de oportunidade por meio de institutos como a transação penal, a suspensão condicional do processo e, mais recentemente, a colaboração premiada e o acordo de não persecução penal. Foram ampliadas, portanto, as margens de escolhas do Ministério Público dentro do escopo das normas processuais penais.[133] Não se pode deixar de lado, também, a amplitude do juízo a respeito da existência de justa causa, já existente quando da edição da Lei n. 9.099/1995, bem como o fato de que é um promotor quem dá a primeira palavra para dizer que um caso deve ser arquivado, e, se as alterações da Lei n. 13.964/2019 no regime de arquivamento continuem suspensas,[134] caso haja discordância do juiz, será do procurador-geral a última palavra (art. 28 do CPP).

Como se viu no item acima, no caso do ISS, embora exista menção a dispositivos legais, as seleções de acusados ocorrem, principalmente, fora desses espaços de oportunidade. Eles se manifestam também no processo de imputação, mediante um critério diferenciador dos crimes contra a Administração Pública.

Não se pode afirmar, porém, que as escolhas competem exclusivamente ao órgão ministerial e que houve plena liberdade, já que as denúncias foram submetidas a controle judicial, e uma delas foi rejeitada, sob o argumento de que não seria possível eleger acusados nem capitular os fatos livremente.

Os instrumentos processuais pelos quais os juízes deveriam avaliar as escolhas do Ministério Público, na prática, revelam: (i) a ausência da avaliação sobre se todos os envolvidos foram denunciados e por que haveria para alguns, e não para outros, justa causa para propor uma ação penal; ou (ii) a ausência de fundamentação judicial sobre a aceitação de escolhas tácitas: as seleções são toleradas, exceto quando não há expressa menção no processo de que, tratando-se de colaborador, não se iria denunciar.

[133] Importa destacar, mais uma vez, o esforço descritivo, e não normativo, deste trabalho. Junto das inovações legislativas prevendo a transação, a suspensão condicional e, mais recentemente, os acordos de colaboração e os acordos de não persecução penal, vieram as dúvidas a respeito da natureza desses institutos. Se considerados direitos subjetivos do acusado, o Ministério Público poderia ser compelido a aplicá-los ou, ao menos, a propor a aplicação. Fosse um poder-dever, haveria condições específicas objetivas que também limitariam o juízo de conveniência do órgão acusador.

[134] No modelo da nova lei, a promoção do arquivamento será comunicada para a vítima (em um caso como o do ISS, a Procuradoria do Município de São Paulo), para a autoridade policial que efetuou as investigações e para os investigados. Além disso, o arquivamento não é controlado pelo Judiciário, submetendo-se a um controle hierárquico, no qual podem se manifestar as pessoas envolvidas no caso.

A pesquisa revela que o processo penal não é tratado como um acessório do direito penal, pelo contrário. Os elementos dos tipos penais moldaram-se, no caso do ISS, para acomodar uma necessidade de simplificação probatória. A concepção, própria do modelo de obrigatoriedade, de que o processo penal não é a sede para considerações *ad hoc* sobre a relevância de determinadas condutas simplesmente não parece ajustar-se aos dados; desse modelo decorreria a ideia de que, caso fosse possível abrir mão de punir, é porque o fato não deve mais ser considerado crime (mas, no caso do ISS, até mesmo parte dos acusados celebrou acordos para isenção ou atenuação de penas).

Como destaco no Capítulo 3, as faculdades de oportunidade, na sua "máxima expresión", permitem ao Ministério Público "'desjudicializar' hechos que revisten caracteres de delito, sin que ello implique una despenalización total o parcial de los tipos, con independencia que se acredite la existencia del hecho punible o la autoría o participación de personas responsables" (CONTRERAS ALFARO, 2005, p. 32). Parece ter sido essa a liberdade que o Ministério Público teve para escolher.

A eliminação do debate sobre a situação de cada empresário e a tolerância com versões conflitantes entre os colaboradores formais e informais caracterizam uma simplificação. Nas investigações, abriu-se mão da complexa reconstrução sobre o que ocorrera com cada um dos certificados relativos a dezenas de empreendimentos,[135] optando-se pela adoção de uma versão comum, homogênea. Antes mesmo de ouvir os particulares, o Ministério Público convocou uma reunião no sindicato para transmitir a mensagem de que já sabia que as construtoras haviam sido vítimas, mas precisam comportar-se como tal.

Não se está aqui sugerindo que a "verdade real" seria atingida por meio do processo. O destaque é para a assunção, feita no início das investigações, de que o processo versaria sobre uma tese, mesmo que ela não estivesse conectada com todos os eventos passados.

A possibilidade de realizar escolhas aparece menos relacionada com as ideias de retribuição, descriminalização e/ou desjudicialização de crimes de bagatela, e mais com o intuito de priorizar recursos humanos e materiais para que se possa descobrir novas situações de corrupção. Um meio para isso, quando não se consegue prender, é resignar-se a celebrar acordos, tornando-se aliado de uma parte dos envolvidos. Trata-se, como mencionado em um dos acordos de colaboração, da "necessidade de conferir efetividade à persecução

135 Bem como de diversas impugnações que poderiam ser feitas, ao longo do processo, por dezenas de advogados.

penal" (fls. 670 – proc. 29ª) por meio da expansão da incidência do direito penal a situações que se compreende impossíveis de chegar sem ser leniente com alguns dos envolvidos.

A defesa da priorização dos casos de crimes contra a Administração Pública vem acompanhada de um diagnóstico de que o sistema de justiça criminal seria seletivo, só processando e punindo os pobres e negros por condutas causadoras de danos sociais frequentemente menos intensos do que a malversação de verbas públicas.

Trata-se de uma situação inusitada, em que a seletividade (normativa) é justificada pela seletividade (real). Ora, para mudar um sistema seletivo que só pune pobres, fez-se uma escolha de deixar os empresários fora dos processos, promovendo a responsabilização dos fiscais, apenas. Ou seja, ainda que estejam no âmbito de controle do Estado, os empresários, "ricos", acabam previamente "absolvidos" dos processos.

Pensando a atuação do Ministério Público não sob a chave de correspondência com a legislação, mas como uma sequência de atos destinados a obter, da forma mais viável, novas informações sobre crimes e autores, vê-se que, no caso do ISS, a aplicação da lei é pleiteada da forma mais conveniente.

Isso não se restringe a questões de direito substantivo. Mesmo a menção a artigos de regência e a requisitos dos institutos processuais (por exemplo, o liame de conexão intersubjetiva e o intuito de colaborar com as investigações) é feita de forma pouco coerente, se o raciocínio adotado for o da legalidade. Ora, por que os casos têm que tramitar separados se são conexos e devem ser julgados juntos? Por que há acordos formais e acordos informais? Como é possível conciliar a exigência de dizer a verdade (ínsita aos acordos com colaboradores) com a tese de concussão? Como é possível dizer que um delator seria o primeiro a falar, podendo não ser denunciado, se ele estava negociando com outro delator a omissão de seu nome?

O Judiciário foi avaliado não pelo conhecimento e pela aplicação da legislação, mas pelo seu envolvimento nessa agenda de combate à corrupção, com a criação de varas especializadas em que haja juízes sensíveis à gravidade desses delitos, com vontade de julgar os casos e de permitir que as autoridades de controle tomem as medidas necessárias para a descoberta de novos autores.

Por outro lado, os mesmos juízes que sentenciarão os processos receberam autos contendo depoimentos harmônicos, possivelmente sem que estivessem cientes de todas as circunstâncias das investigações. Fizeram um controle superficial, vago, sobre o que se chamou de provas de autoria, limitando-se, ao responder às teses dos acusados, a afirmar que consideram haver indícios razoáveis e suficientes para iniciar um processo. Será que os promotores têm razão, então, quando afirmam que o sistema de justiça criminal brasileiro funciona em moldes acusatórios e não inquisitivos?[136] Mediante a celebração de acordos informais?

O caso do ISS se ajusta a várias características de um modelo de oportunidade, em que o Ministério Público realiza escolhas sobre quem investigar, quem denunciar, quando denunciar e por qual crime, baseadas na sua estratégia processual quanto à abordagem penal dos fatos.

Contudo, se foi raro observar algum tipo de exame judicial sobre tais escolhas, não foi possível notar nenhuma forma de controle público sobre as seleções feitas pelos promotores. Essas seleções não estão claramente expostas e defendidas nos autos, vindo acompanhadas da invocação de artigos de lei, como se se estivesse denunciando todos os envolvidos, tal qual ocorreria em um modelo de obrigatoriedade.

Ora, seria impossível imaginar o caso do ISS concebido de forma diferente, iniciado com acordos com os fiscais para que narrassem a corrupção praticada pelos particulares?

Pensando sob o ângulo da instituição, será que uma equipe reduzida do Ministério Público conseguiria manejar um caso tão complexo, não fossem feitas algumas escolhas? Será que a "rapidez na produção de provas" não é um parâmetro objetivo, ainda que questionável, de escolhas que poderiam ser realizadas, também tacitamente, para isentar os funcionários públicos por interesses escusos?

Há muito mais perguntas do que respostas no estudo do caso do ISS. No entanto, a mera reafirmação de que o sistema de justiça criminal brasileiro funciona sob o paradigma da obrigatoriedade, além de não explicar o caso do ISS, obscurece um necessário debate sobre quais devem ser os critérios de escolhas, quais são os resultados pretendidos, e a avaliação dessas práticas processuais. Mais do que uma limitação para as conclusões desta pesquisa, a falta de clareza, no caso, sobre as seleções, e na teoria, sobre a possibilidade destas no ordenamento brasileiro, dificulta o controle social sobre o funcionamento do sistema de justiça criminal.[137]

[136] MS, p. 13. Sobre o assunto, ver o item 2.8.

[137] Como observa Caiero (2000, p. 16), "a consagração de um paradigma geral de oportunidade na actuação do Ministério Público exigiria uma reordenação dos poderes dos órgãos do Estado, sob pena de, à vontade do povo expressa em lei, se sobrepor aquilo a que Costa Andrade chamou 'um programa político-criminal apócrifo', que decidiria efetivamente sobre as fronteiras da punibilidade criminal – desiderato que não me parece nem possível, nem desejável".

4.4. A adaptação do Direito para reprimir a corrupção

É razoável compreender que o caso do ISS, uma situação concreta, possa não se ajustar perfeitamente aos tipos ideais correspondentes aos modelos de oportunidade e obrigatoriedade. Todavia, passando do esforço descritivo para uma crítica sobre os dados observados, é preciso ponderar sobre o que está em jogo quando se defendem reformas legislativas no sentido de um modelo ou de outro.

Antes disso, esclareço que esta pesquisa não chega a uma conclusão sobre como deve funcionar o sistema de justiça criminal brasileiro. Para atingir tal objetivo, seria necessária uma reflexão sofisticada quanto à teoria geral do direito, observando as fronteiras entre ele e a política.

Um caminho seria compreender se o conceito de discricionariedade, criado para explicar a margem, legalmente instituída, que a Administração Pública teria para agir sem influência do controle judicial, é aplicável a escolhas feitas pelo Ministério Público no âmbito criminal. Pode a noção de interesse público para celebração de um acordo, por exemplo, ser valorada tal qual um ato administrativo? Haveria direito subjetivo do acusado de celebrar um acordo quando entender que sua colaboração é de interesse público?

O debate entre obrigatoriedade e oportunidade exige uma tomada de posição em que se compreenda como (e se) podem ser consideradas jurídicas medidas não explicadas pela legislação processual e penal, mas que são tomadas no contexto de procedimentos criminais, por um órgão estatal. Será preciso repensar alguns cânones teóricos do direito penal e do processo penal para entender válida a possibilidade de consequências jurídicas muito diversas para duas pessoas que praticaram o mesmo fato, nas mesmas condições, bem como a aceitação de que o processo pode ser um ensaiado jogo de cena para se chegar a uma tese consensual, com a ação judicial limitada à chancela de uma pena negociada entre as partes.

Embora a questão seja polêmica na área da teoria geral do direito, há respeitável doutrina afirmando que, "se uma questão jurídica pode ser dirimida por critérios de conveniência e oportunidade, ela não pode ser submetida a um teste de validez qualitativo-jurídico" e que "o direito e a discricionariedade são elementos excludentes" (ABBOUD, 2016, p. 1).[138] E como testar

[138] O autor publicou versão de sua minuciosa tese de doutorado defendendo a impossibilidade de conciliar juízos discricionários e decisões judiciais e administrativas (ABBOUD, 2014).

normas abertas do tipo "justa causa", como explicar a tomada de decisão de oferecer um acordo, na forma prevista pelo autor?

Se enxergar a interpretação do direito de forma estanque à política criminal parece não explicar nem favorecer a melhora na atuação institucional, a adoção de mecanismos de oportunidade não necessariamente reflete uma evolução na racionalidade processual. O legítimo esforço para que, finalmente, os atos de corrupção sejam coibidos não pode obscurecer o flerte com o autoritarismo quando uma instituição pode definir, *per se*, os parâmetros para a atuação do Estado de natureza criminal.

Por outro lado, a omissão judicial no controle das seleções ilustra a importância do exame feito na apreciação da denúncia. Quando recebe uma inicial sem analisar detidamente os elementos contidos nos autos ou não fundamenta sua decisão neles, o magistrado acaba tolerando escolhas sem revelar claramente os critérios adotados pelo Estado para selecionar quem deve ser responsabilizado por determinado evento.[139]

A partir da constatação de "voluntarismo" dos atores da Operação Lava Jato, Rodrigues (2020, p. 148) aponta que a "margem de escolha" de quais casos priorizar "pode acobertar finalidades não reveladas nas manifestações dos atores do sistema de justiça criminal". Segundo a autora, "não se espera que esses autores registrem nos processos que foi dada prioridade" a determinado caso "porque se pretendia chegar a determinado empresário, grupo empresarial, partido ou agente político" (RODRIGUES, 2020, p. 148). Não está claro se a autora fala de um ponto de vista preditivo ou normativo. Por isso, questiono se, ao prever a possibilidade de celebrar acordos, o direito processual brasileiro não é interpretável no sentido de impor às autoridades a explicitação das suas seleções.

Nesse ponto, o melhor das críticas de Binder (2012) a respeito do déficit explicativo do modelo de obrigatoriedade é a provocação para que o Ministério Público possa abertamente expor os critérios de sua atuação. Fingir que não existem seleções, que a instituição trata todos os casos igualmente, é um bom jeito de manter os promotores ocupados com milhares de processos insignificantes, sem nenhum tipo de responsabilidade pelo resultado dos casos levados a juízo.

[139] Ao adiar essa decisão ou a exposição dessa fundamentação para a sentença, o juiz corre o risco de cercear a defesa do acusado, punindo-o por algo de que ele não se defendeu, ou de exigir o recomeço do processo, com a correção do libelo acusatório.

No entanto, quando roga para si o papel de formulador e executor da política criminal, o Ministério Público passa a orientar suas ações pelo que seus membros entendem ser do interesse público sem, todavia, haver espaços de participação e controle democrático na formulação dessa política.[140] Ocorre que, como instituição, o *Parquet* também tem seus interesses próprios, sua disputa por maior poder e maior relevância, o que sugere a necessidade de controle e indica o problema de os magistrados ou não exercerem esse controle ou se alinharem a uma pauta de combate ao crime.

Ao discorrer sobre o tema da corrupção e o princípio da oportunidade, Contreras Alfaro (2005, p. 35) sustenta que esse princípio "significa fundamentalmente conveniencia político criminal, y en la conveniencia puede caber casi todo". Isso explica como o manto da oportunidade alberga aspirações, por vezes, contraditórias, como a possibilidade de arquivar casos por insignificância, a busca de celeridade na condenação em casos de criminalidade organizada e o fortalecimento das faculdades do Ministério Público.

O processualista chileno (2005, p. 198) destaca a difícil compatibilidade entre a repressão à corrupção e o modelo de oportunidade. Diante de um cenário em que a corrupção está disseminada no aparato estatal, os promotores, ao mesmo tempo em que precisam de autonomia e independência para conseguir processar indivíduos detentores de poder e influência, também precisam ser responsabilizáveis pelas decisões tomadas.

O modelo de oportunidade "implica criterios de decisión y orientación políticos, lo que a su vez reclama un razonable vínculo entre el Ministerio Público y el poder político" (CONTRERAS ALFARO, 2005, p. 196). Como "no puede existir oportunidad sin responsabilidad", recomenda-se "la vinculación de la Fiscalía con el poder Executivo" (CONTRERAS ALFARO, 2005, p. 192). O problema, digo eu, é que, se as decisões políticas do Executivo influenciarem demasiadamente a atividade do Ministério Público, a repressão contra a corrupção pode ser capturada por interesses de grupos, por exemplo, interesses partidários. Diante dessa dificuldade em posicionar o órgão ministerial, o mencionado autor aponta que, "en principio, su aplicación a los delitos de corrupción estaría contraindicada" (CONTRERAS ALFARO, 2005, p. 196), embora defenda que essa análise tenha que ser casuísta.

[140] Como aponta Contreras Alfaro (2005, p. 40), ao deixar a decisão de exercer, ou não, a ação penal a cargo dos órgãos de persecução penal, são essas instituições "quienes deberán asumir los eventuales beneficios y costes de su decisión en base a criterios de naturaleza político-criminal, que se encuentran a medio camino entre el ámbito político y el campo jurídico, y por tanto, la responsabilidad por su ejercicio no sólo es de naturaleza jurídica sino también de naturaleza política".

A partir da literatura mencionada ao longo do Capítulo 3, foi possível relacionar a oportunidade com a aspiração para que o processo penal assuma as mais diferentes tarefas. A partir de um diagnóstico de que o direito penal não atingiu os fins da pena, que teoricamente justificam a sua existência, passou-se a esperar que as normas procedimentais de natureza criminal fossem utilizadas como meios adequados para cuidar da reparação da vítima, para não estigmatizar o delinquente, para restaurar a paz entre vítima e agressor, e, mais recentemente, tem sido defendidas como um meio de dissuasão. A tarefa de funcionar como um guia procedimental para que o juiz chegasse à melhor decisão, uma proteção do cidadão em face do arbítrio, foi relegada a um segundo plano.

A disciplina adjetiva passou a absorver as demandas de uma agenda de política criminal hipertrofiada,[141] que pretende tutelar grande parte dos problemas sociais, desde a autolesão (a guerra contra as drogas), os danos ao meio ambiente, a competição desleal entre empresas, o machismo, a homofobia, o racismo, a violação das prerrogativas dos advogados...

A flexibilidade é vista como necessária para o combate a um mal maior, a "criminalidade organizada". Ocorre que a fluidez desse conceito faz com que o Ministério Público possa ir sustentando que todo concurso de pessoas ocorre no contexto de uma organização criminosa, para aumentar o número de situações em que se permite a realização de acordos.

Essa demanda por flexibilização e conveniência ocorre sob a busca de tornar o direito penal "efetivo", "eficiente".[142]

[141] Contreras Alfaro (2005, p. 19) aponta o papel simbólico do direito penal "para tranquilizar a la sociedad o para 'educarla' en su calidad de instrumento de control social". O autor sustenta que esse recurso a uma função simbólica tem adquirido "una enorme incidencia como respuesta a crisis económicas, políticas o sociales, que absorben a las sociedades modernas generando miedo e inseguridad, con el único objetivo de tranquilizar a la colectividad o a ciertos segmentos de ella" (CONTRERAS ALFARO, 2005, p. 19). Há muito mais a refletir sobre a situação do direito penal atual, tarefa que exige fôlego e que decidi deixar de fora deste trabalho. Sobre o conceito sociológico da sociedade do risco, sugiro a leitura de seu criador (BECK, 2002). Examinando o direito penal a partir dessa perspectiva sociológica, entre muitos outros, cf. Machado (2005).

[142] Segundo Caiero (2000, p. 15), o "fetiche da empresa não deixou incólume o mundo jurídico. Refiro-me, essencialmente, às correntes metodológicas que se colocam sob o signo da análise económica do direito, para quem a pedra de toque do sistema jurídico deve ser a ideia de eficiência. Já não se trata, portanto, da mera exigência de eficácia posta pelas escolas funcionalistas, segundo a qual o direito deveria conceber-se sempre a partir da adequação aos 'programas finais' que o Estado lhe propõe, cabendo aos órgãos competentes a conformação dessas metas e objetivos. Agora, pretende-se mais do que um direito eficaz: o mandamento da eficiência postula que os ditos programas finais não possam ter outro conteúdo que não o de assegurar o máximo de vantagens sociais com o mínimo de custos".

Efetivo e eficiente para quê? Para prender mais pessoas? Será que o direito sancionador consegue resolver problemas culturais, econômicos e sociais? Aqueles dois conceitos dependem de um referencial, o primeiro para a avaliação sobre quanto uma ação cumpriu as metas por ela perseguidas, e o segundo para examinar se esse resultado foi atingido com o mínimo gasto de recursos.[143]

O problema é que não se pode atingir metas antagônicas de forma eficaz ou eficiente. Como se disse anteriormente, o processo penal é movido por forças conflitantes. Em uma face, as normas processuais são utilizadas como instrumento de defesa do indivíduo sobre o Estado, que só pode atingir seus fins por meio do devido processo. Na outra, são meios para que o Estado possa legitimamente suprimir a liberdade de alguém. O que, para o indivíduo, pode ser visto como exercício do direito de defesa, formalidade a ser cumprida, para o Ministério Público poderia ser considerado formalismo dispensável, ação protelatória.

Comentando a situação contemporânea, Hassemer (2003, p. 60) afirma que os contornos de um sistema que persegue a eficiência se deparam com uma frustração nas expectativas sobre o poder do direito penal em causar mudanças sociais, estando "permanentemente acompañados de 'deficit' de ejecución específicos', reprochados por todos". Isso gera, na dogmática, dois tipos de reação: um deles é a defesa da funcionalização da administração da justiça criminal. Ela se manifesta a partir do momento em que a velocidade para punir vira sinônimo de justiça e não se percebem princípios como a "formalidad de la justicia del procedimiento" "como puntos de la eficiencia de la persecución penal estatal", bem como na simplificação do diagnóstico de crise na administração do sistema. Haveria uma dramatização do que poderia ser visto apenas como uma aceitável morosidade, "en prejuicio de la formalidad de la justicia y de los derechos del inculpado" (HASSEMER, 2003, p. 62). A outra reação é a defesa da ponderação de bens, um método adotado "en horas de necesidad", de legitimamente fazer com que o direito penal prescinda "parcialmente de la sujeción a sus principios" (HASSEMER, 2003, p. 63-64).

[143] Caiero (2000, p. 16) destaca que, "emparelhada com o dogma da eficiência, anda a teorização do novo papel do Estado no seio da sociedade de risco. A ideia é também conhecida: certas decisões, ordenadas ao conseguimento da máxima eficiência, têm de ponderar o risco da produção de efeitos indesejados. Daí que a projeção dos efeitos hipotéticos da decisão e a sua avaliação, de acordo com as técnicas actuariais de gestão de riscos, seja fundamental para o decisor escolher a opção presumivelmente mais eficiente, sempre através do binómio custo mínimo/benefício máximo".

Todas essas ressalvas são questionadas pelas autoridades de controle, que justificam o aumento de seus poderes com o aumento de casos versando sobre situações de corrupção que perduraram por anos,[144] com o aumento de condenações e a recuperação aos cofres públicos de altas quantias, de forma muito mais rápida e menos dispendiosa do que ao final de processos judiciais.

Vê-se, portanto, a dificuldade de conciliar ideias antagônicas. Refletindo sobre o funcionamento dos acordos de colaboração e a ausência de parâmetros legais estabelecendo as condições de uma negociação entre Estado e indivíduo (desigual, portanto), é de se esperar, na linha das críticas feitas ao modelo de barganha, a possibilidade de várias atitudes questionáveis pelos órgãos de controle, no intuito de fazer comparsas acusarem um ao outro.[145] Se não há controle, é permitido processar parentes, prender provisoriamente, elaborar denúncias com *overcharging*, com o intuito de aumentar a posição de vantagem do Ministério Público na negociação. Se o indivíduo não tiver a perspectiva de que será processado e punido severamente, não se estimula a celebração de acordos. Ideias como a igualdade, a proporcionalidade da pena e a busca pela verdade não aparentam adequar-se a uma lógica de que será punido de forma mais leve aquele que tiver maior capacidade de negociar.[146]

[144] Mais uma vez com Contreras Alfaro (2005, p. 194), importa destacar que "las posibilidades de consenso en materia penal favorecen la celeridad en la obtención de una condena, lo que a larga permitirá conceptuar al proceso penal como instrumento de prevención general". Se a amplitude do alcance do consenso se limitar a um prêmio para uma atitude colaboradora, desvinculada dos fins de ressocialização do delinquente e reparação da vítima, "tendremos que concluir que la justicia penal así entendida está orientada más hacia finalidades fácticas de pura celeridad y descarga de los tribunales, que hacia fines político-criminales transcendentes del sistema punitivo, con la consiguiente disminución de garantías" (CONTRERAS ALFARO, 2005, p. 194).

[145] Sobre irregularidades na atuação do Ministério Público nos Estados Unidos e propondo medidas de *accountability*, indico a leitura de Green e Yaroshefsky (2016).

[146] Como apontado no item 3.4, essa dificuldade de adaptação de mecanismos de barganha em países de *civil law* não se restringe ao Brasil. A Corte Constitucional alemã examinou, em 2013, a constitucionalidade de sua legislação que prevê a possibilidade de acordos de colaboração. No âmbito do julgamento, um professor da Universidade Heinrich Heine conduziu uma pesquisa com 190 juízes, chegando à conclusão de que "17.9% of the criminal proceedings before local courts and 23% of the criminal proceedings before regional courts were concluded on the basis of plea bargains in the 2011 calendar year. When asked for their estimate on the percentage of cases in which plea bargaining provisions were violated, slightly more than half of the judges answered that this could well be the case in over half of all proceedings involving plea bargains" (§ 49). A Corte afirmou que, a princípio, não entendia como inconstitucional a lei, mas que o legislador deveria monitorar o cumprimento da lei, pois atos como a realização de "euphemistically called 'informal' approaches during plea bargaining" (§ 65), a renúncia de recorrer e a falta de formalização das negociações contrariam a lei e garantias constitucionais. (ALEMANHA, 2013).

O exercício do direito de defesa, com a possibilidade de realização de diligências que não foram feitas na fase investigativa (porque vão no sentido oposto da tese acusatória), o manejo de recursos, a exigência de que haja um perigo iminente para a decretação de medidas cautelares, todos esses aspectos fortalecem a posição do investigado/acusado e não otimizam, *sob o ponto de vista da facilidade para a persecução penal*, a atuação do Estado.[147] Dessa forma, não se consegue ser eficaz ou eficiente para atingir as duas metas; ou se atinge um resultado ótimo, com arrecadação de grande quantidade de provas e expansão do controle *a despeito* das garantias relacionadas ao direito de defesa, ou se permitem julgamentos com todo o respeito do devido processo, *apesar* de ter dificuldades para investigar e processar.

Vê-se, portanto, que, sob a discussão de obrigatoriedade e oportunidade, paira a opção entre um paradigma normativo que, na prática, não tem funcionado e o abandono das regras para a expansão do direito penal a situações que, anteriormente, eram muito difíceis de ser apuradas. Há, nesse dilema, uma escolha sobre qual é o fundamento de legitimidade da ação estatal, se pelos meios que emprega, ainda que os efeitos dessas ações sejam frustrantes para o corpo social, ou se pelos resultados que pretende atingir, mesmo que para isso possam ser adotadas medidas *ad hoc*.[148]

Comentando sobre a ideia de eficiência, Coutinho (2015, p. 4) sustenta ter havido "um câmbio epistemológico". A noção de eficiência passa a agir "no lugar daquela de causa-efeito, da falibilidade humana na previsão dos fins". O autor afirma (2015, p. 4) que essa novidade contraria a noção de "construtivismo, ou seja, as instituições deliberadamente criadas (pense-se, antes de tudo, no processo como objeto cultural), frutos da razão (falha por

[147] Coutinho (2015, p. 5, destaques do original) aponta que, vista em função do tempo, a "*eficiência* pode ser sinônimo de *exclusão*, aqui, nas reformas processuais, carimbada pela supressão de *direitos e/ou garantias*, mormente constitucionais ou, pelo menos, pela redução dos seus raios de alcance, manipuláveis pela força da hermenêutica, desde sempre sem a mínima possibilidade de ser eliminada: sem qualquer dúvida, salvo do leguleio, a lei diz alquilo que o intérprete diz que ela diz (Ruiz/Cárcova)".

[148] Nesse sentido, Caiero (2000, p. 15-16) aponta que "esta nova aparelhagem conceptual [baseada no ideal de eficiência] aspira a constituir-se em fundamentação de um novo discurso sobre a legitimação do Estado e do poder punitivo. No que diz respeito ao sistema penal, ela tem já guarida na autodenominada 'nova penologia', nascida nos Estados Unidos da América, nos princípios da década de 80. De forma sucinta, podemos caracterizá-la através da seguinte proposição: o objetivo da decisão das instâncias formais de controle é a redução dos danos sociais globais inerentes ao crime através de uma adequada redistribuição dos riscos, tanto no plano da prevenção como no plano da repressão".

natureza) e da crença em resultados não raro impossíveis" (COUTINHO, 2015, p. 4).

Parece bastante evidente que o âmbito desse trabalho e a qualificação do autor também não permitem afirmar ou infirmar a existência de uma mudança epistemológica na sociedade a partir de um estudo de caso único. No entanto, o pensamento do processualista brasileiro serve como uma provocação a respeito de como lidar com o déficit explicativo do modelo de obrigatoriedade.

De um lado, é possível perseguir a obrigatoriedade, com a consciência de ser ele um ideal não realizado na prática, pensando em como estabelecer margens para que as escolhas, já feitas, aconteçam cada vez mais dentro de regras preestabelecidas. Essa aposta na atuação do Estado dentro dos limites legais transmite uma sensação de segurança, de controle judicial sobre eventuais abusos do Ministério Público, mesmo que, por vezes, esse controle não exista ou que cada juiz pense de forma diferente.

De outro lado, o modelo de oportunidade é proposto como uma aposta de mudanças, um diagnóstico de que, sem instrumentos processuais, o direito penal é meramente simbólico e seletivo. Frequentemente, casos de corrupção têm sido noticiados, situações de exploração dos bens públicos que perduraram por muitos anos estão sendo reveladas graças aos esforços de membros do Ministério Público e de sua autonomia. O problema é entregar as garantias processuais, fruto de batalhas civilizatórias conquistadas com alto preço, depois de regimes autoritários anteriores, em nome da promessa de que o crime será controlado.

A inquietação que o caso do ISS ilustra é aquela vivida com frequência na área do direito de desenvolvimento. É perceptível a demanda por mudanças no direito brasileiro, é intuitivo que reformas institucionais anticorrupção fomentem o desenvolvimento social e econômico do país. Contudo, o transplante de criticados mecanismos de barganha norte-americanos, aplicados na realidade brasileira, pode não ser a melhor solução.

É muito difícil achar um meio-termo, uma saída para o controle das seleções do Ministério Público, uma abertura para que a instituição esteja alinhada com a política criminal progressista, suficiente à defesa das garantias processuais e que permita aos promotores ter meios de responsabilizar os corruptos.

Entretanto, precisamos falar sobre o assunto sem simplificações, com base em dados. A dogmática não evoluirá se as discussões se mantiverem no nível de embates entre promessas de "combate à impunidade" e previsões catastróficas sobre a aplicação do direito penal.

CONCLUSÕES

A ambição desta pesquisa foi abordar a repressão à corrupção, tema bastante frequente na chave do direito e desenvolvimento, sob uma perspectiva e uma metodologia pouco comuns nas pesquisas realizadas nesse campo. Procurei, por meio do estudo do caso dos fiscais do ISS, compreender como o sistema de justiça criminal apura e traduz, para uma ação penal, a suspeita de recebimento de propinas.

Embora o tema da corrupção seja objeto constante de inovações legais, ensejando consequências jurídicas em diversas áreas do direito, há um debate intenso e atual sobre a necessidade de reformas legislativas. A ideia com esta pesquisa foi observar a repressão à corrupção considerando o plano regulatório no contexto em que as normas são aplicadas.

Descrevo, ao longo deste trabalho, um conjunto de ações penais em trâmite na Justiça Estadual de São Paulo e o procedimento de investigação que as precedeu. Notei que o sistema de justiça criminal opera em um ambiente de multiplicidade institucional, em que órgãos com competências sobrepostas interagiram, sob alguns aspectos, de forma coordenada, para decidir qual tipo de responsabilização será buscada.

Essa coordenação foi perceptível especialmente na parceria entre um setor especializado do Ministério Público, a Controladoria e a Procuradoria do Município de São Paulo, realizada para averiguar uma situação de incompatibilidade patrimonial de funcionários públicos lotados no Departamento de Arrecadação da Secretaria de Finanças.

As escolhas começam na seleção de quais são os casos prioritários. A coleta de dados sugestivos da ocorrência de corrupção, quando a Controladoria estava se instalando, ensejou a priorização do caso do ISS para um tipo especial e complexo de diligências. Nos casos em que se investiga esse tipo de crime, há proatividade, os membros das instituições constroem as investigações após estudos sobre quais as discrepâncias no funcionamento normal da burocracia em determinado setor.

Como a descoberta da incompatibilidade patrimonial só indica que houve o recebimento de propinas, foi preciso colher provas sobre como teria ocorrido o comércio ilícito da função pública, e um meio para isso é estimular um dos comparsas a fazer um acordo.

Há uma percepção de que os meios para estimular alguém a renunciar ao exercício da defesa e celebrar um acordo são, especialmente, o medo da prisão, a ameaça à família e ao patrimônio. Entendendo que essas medidas seriam inviáveis, o Ministério Público parece ter interpretado a postura de colaboração com as investigações como o critério diferenciador entre vítimas de concussão e coautores de corrupção. Isso permitiu simplificar o caso, homogeneizar fatos complexos e estimular o fornecimento de provas.

As informações prestadas por colaboradores, que deveriam ser sujeitas à confirmação, puderam ser consideradas depoimentos de vítimas.

Um exame superficial do caso, com base no binômio legalidade/ilegalidade, não permite enxergar a liberdade subjacente à prática dos atores. Embora sejam invocadas categorias penais e processuais, as ações tomadas decorrem de uma aplicação pouco ortodoxa da legislação, como a celebração de acordos com vítimas e a possibilidade de não denunciar o quarto colaborador que fornece dados sobre uma organização criminosa, com base no art. 4º, § 4º, da Lei n. 12.850/2013.

O caso do ISS indica que o Ministério Público pode investigar internamente fatos para dedução de uma tese preconcebida sem que exista outra instituição controlando a procura por outras hipóteses, como pode ocorrer quando a Polícia investiga sob a fiscalização do *Parquet*. O órgão ministerial formula a denúncia do modo que entende mais conveniente para a colheita de provas e para o recebimento de informações sobre novos fatos.

Uma análise transversal do direito penal e processual permitiu identificar que, também no caso *Tangentopoli*, na Itália, a dificuldade para a distinção entre os crimes de concussão e corrupção, somada ao ambiente de corrupção sistêmica, permitiram uma substituição de elementos nucleares dos tipos penais e até a criação jurisprudencial, naquele país, da concussão ambiental. As referências pouco objetivas para a distinção entre os crimes apresentadas pela doutrina penal, de difícil percepção para um agente externo, foram substituídas, na prática.

A descrição dos eventos passados foi formatada para uma tese; não foi elaborada uma tese a partir dos eventos pretéritos, e os juízes, na fase de controle sobre a viabilidade das denúncias, limitaram-se a dizer que as acusações narravam adequadamente os fatos e continham provas suficientes.

A partir da identificação de diferentes modelos explicativos da margem de liberdade para a atuação do Ministério Público, e das críticas feitas a eles, foi possível notar que o caso do ISS possui diversos caracteres próprios de um modelo de oportunidade. No entanto, salvo em uma situação particular, as escolhas foram feitas de forma tácita, o que não permitiu à pesquisa identificar os motivos pelos quais os juízes aceitaram a transformação de envolvidos em vítimas e testemunhas de acusação.

A sugestão de que essas escolhas são permitidas levou à reflexão sobre a necessidade de controle político sobre as ações do Ministério Público, o que pode ser complicado nos casos de corrupção, dada a presunção de que, apenas com autonomia, os promotores poderão processar líderes dos Poderes Executivo, Legislativo e Judiciário. A assunção de um papel na formulação e aplicação da política criminal, desjudicializando fatos típicos, implica a necessidade de explicitar quais são os critérios norteadores das seleções.

Sem a ambição de propor um modelo substitutivo, ressalto que, embora o modelo da obrigatoriedade tenha um baixo poder descritivo para analisar o caso do ISS, é preciso ponderar os custos da assunção de um modelo de flexibilização de normas e garantias processuais, em nome de uma persecução penal mais eficiente e eficaz. Esses dois conceitos são vistos, em um modelo de oportunidade, como se o processo penal tivesse que ser orientado para aumentar o controle social por meio da existência de mais casos.

Se a ideia do devido processo deixar de ser considerada, é possível que se esteja caminhando para legitimar a aplicação de sanções por meio da promessa de resultados de dissuasão, e não pela observância, pelo Estado, das normas procedimentais.

O diagnóstico de que a obrigatoriedade estimula a seletividade, fazendo o direito penal ser aplicado apenas a negros e pobres, é argumento para a defesa de um modelo que, implantado em países de tradição anglo-saxônica,[149] é criticado justamente pela sua seletividade. Os "poderosos" fazem acordos para sair; os vulneráveis, para entrar no cárcere.

Como se vê, não houve neste livro a definição de uma nova modelagem do processo penal nem foi possível propor soluções. Há aqui apenas uma descrição e a provocação para que a comunidade acadêmica continue produzindo diagnósticos, testando a dogmática.

[149] E cada vez mais adotado por países de tradição romano-germânica.

Não se pode pular etapas. A realização de pesquisas embasadas em dados empíricos, no Brasil, sobre questões maiores (como sobre a influência de determinada reforma regulatória no funcionamento da justiça criminal, e até mesmo a tentativa de relacionar a incidência da corrupção com diferenças no modo de repressão) depende de prévias descrições sobre como as coisas estão funcionando e quais são os dilemas.

O quão poderoso é o Direito para controlar a corrupção? Como se pode afirmar que a repressão deve ser mais rigorosa ou mais branda? Se a legislação for muito dura, mas possibilitar a celebração de acordos para grande parte dos acusados, haverá alguma mudança nos resultados? Nenhuma dessas perguntas será bem respondida se as pesquisas se limitarem a disputar a compatibilidade de uma lei, ou outra, com a Constituição. Será que a existência de dois Judiciários concorrendo para ver quem condena mais rápido vai eliminar o problema? A que custo?

Uma agenda de futuros estudos a partir desse diagnóstico parte do aperfeiçoamento dos critérios distintivos dos crimes contra a Administração, bem como do estudo sobre a adequação do conceito de concussão ambiental no direito brasileiro. É necessário refletir, como se disse anteriormente, sobre a adequação de mecanismos de barganha às garantias fundamentais, bem como sobre a possibilidade do uso do conceito de discricionariedade para explicar o âmbito de escolhas do Ministério Público. Poder-se-ia sustentar um processo penal como "caixa de ferramentas", tal como Ribeiro (2016) fala sobre o direito administrativo? Será que a chave "há justa causa/não há justa causa" dá conta dessas seleções? Será que o exame judicial sobre as denúncias e a efetividade da colaboração não seria um meio suficiente para controlar as escolhas de quem será beneficiado, se fosse feito na prática? A partir da constatação de que o modelo de oportunidade fomenta o surgimento de teses comuns, e não um embate sobre a realidade, como se pode pensar a checagem da veracidade do depoimento dos delatores?

Há muito o que pesquisar, e o nosso país tem-se mostrado generoso no fornecimento de material empírico para estudos sobre a corrupção.

REFERÊNCIAS

ABBOUD, Georges. Onde a discricionariedade começa, o direito termina: comentário ao voto proferido por Alexandre Freitas Câmara sobre penhora *on-line*. *Revista de Processo*, São Paulo, v. 251, 2016.

ABBOUD, Georges. *Discricionariedade administrativa e judicial*. São Paulo: Revista dos Tribunais, 2014.

ALBUQUERQUE, José P. Ribeiro de. A gestão do inquérito: instrumentos de consenso e celeridade. Workshop – Évora 3.7.2008. 33 p. Disponível em: http://www.pgdlisboa.pt/novidades/files/gestao_inquerito_albuquerque.pdf. Acesso em: 8 jul. 2021.

ALEMANHA. *Bundesverfassungsgericht*. Julgamento de 19 de março de 2013, da Segunda Turma – 2 BvR 2628/10 – parágrafos (1-132).

ALMEIDA, Fernando Henrique Mendes de. *Dos crimes contra a administração pública*. São Paulo: Saraiva, 1955.

ALMEIDA, Joaquim Canuto Mendes de. *Princípios fundamentais do processo penal*: a contrariedade na instrução criminal: o direito de defesa no inquérito policial: inovações do anteprojeto de Código do Processo Penal. São Paulo: Revista dos Tribunais, 1973.

ANDRÉS IBAÑEZ, Perfecto. Justiça de oportunidade: uma alternativa não jurisdicional ao processo penal. *Revista do Ministério Público de Lisboa*, Lisboa, ano 22, n. 85, p. 25-36, jan./mar. 2001.

ARANTES, Rogério B. *Ministério Público e política no Brasil*. São Paulo: Sumaré, 2000.

ARANTES, Rogério B. The Federal Police and the Ministério Público. *In*: POWER, Timothy; TAYLOR, Matthew M. (ed.). *Corruption and Democracy in Brazil*: The Struggle for Accountability. Notre Dame: University of Notre Dame, 2000. p. 184-217.

BADARÓ, Gustavo Henrique. *Processo penal*. 3. ed. São Paulo: Revista dos Tribunais, 2015.

BADARÓ, Gustavo Henrique. *Juiz natural no processo penal*. São Paulo: Revista dos Tribunais, 2014.

BARDHAN, Pranab. Corruption and Development: A Review of Issues. *Journal of Economic Literature*, ano 35, p. 1320-1346, 1997.

BATISTA, Nilo. *Novas tendências do direito penal*: artigos, conferências e pareceres. Rio de Janeiro: Revan, 2004.

BATISTA, Nilo. *Introdução crítica ao direito penal brasileiro*. 4. ed. Rio de Janeiro: Revan, 2001.

BECHMANN, Gotthard; STERN, Nico. Niklas Luhmann. *Tempo social*: Revista de Sociologia da USP, São Paulo, ano 13, n. 2, p. 185-200, nov. 2001.

BECK, Ulrich. *La sociedad del riesgo*: hacia una nueva modernidad. Barcelona: Paidós, 2002.

BECKER, Gary S. Crime and Punishment: Economic Approach. *Journal of Political Economy*, ano 76, p. 169-217, 1968.

BINDER, Alberto M. Sentido del principio de oportunidad en el marco de la reforma de la justicia penal de América Latina. *INECIP*, 2012, p. 1-23. Disponível em: http://inecip.org/wp-content/uploads/INECIP-Binder-Principio-de-oportunidad-1.pdf. Acesso em: 8 jul. 2021.

BITENCOURT, Cezar Roberto. *Tratado de direito penal parte especial*: dos crimes contra a administração pública e dos crimes praticados por prefeitos. 7. ed. São Paulo: Saraiva, 2013. v. 5.

BRASIL. *Lei n. 13.964, de 24 de dezembro de 2019*. Aperfeiçoa a legislação penal e processual penal. Disponível em: http://www.planalto.gov.br/ccivil_03/_ato2019-2022/2019/lei/L13964.htm. Acesso em: 15 jul. 2021.

BRASIL. *Lei n. 12.850, de 2 de agosto de 2013*. Define organização criminosa e dispõe sobre a investigação criminal, os meios de obtenção da prova, infrações penais correlatas e o procedimento criminal; altera o Decreto-Lei n. 2.848, de 7 de dezembro de 1940 (Código Penal); revoga a Lei n. 9.034, de 3 de maio de 1995; e dá outras providências. Disponível em: http://www.planalto.gov.br/ccivil_03/_ato2011-2014/2013/lei/l12850.htm. Acesso em: 8 jul. 2021.

BRASIL. *Lei n. 12.846, de 1º de agosto de 2013*. Dispõe sobre a responsabilização administrativa e civil de pessoas jurídicas pela prática de atos contra a administração pública, nacional ou estrangeira, e dá outras providências. Disponível em: http://www.planalto.gov.br/ccivil_03/_ato2011-2014/2013/lei/l12846.htm. Acesso em: 8 jul. 2021.

BRASIL. *Lei n. 10.467, de 11 de junho de 2002*. Acrescenta o Capítulo II-A ao Título XI do Decreto-Lei n. 2.848, de 7 de dezembro de 1940 – Código Penal, e dispositivo à Lei n. 9.613, de 3 de março de 1998, que dispõe sobre os crimes de "lavagem" ou ocultação de bens, direitos e valores; a prevenção da utilização do Sistema Financeiro para os ilícitos previstos nesta Lei, cria o Conselho de Controle de Atividades Financeiras (Coaf), e dá outras providências. Disponível em: http://www.planalto.gov.br/ccivil_03/leis/2002/L10467.htm. Acesso em: 8 jul. 2021.

BRASIL. *Lei n. 9.613, de 3 de março de 1998*. Dispõe sobre os crimes de "lavagem" ou ocultação de bens, direitos e valores; a prevenção da utilização do sistema financeiro para os ilícitos previstos nesta Lei; cria o Conselho de Controle de Atividades Financeiras – COAF, e dá outras providências. Disponível em: http://www.planalto.gov.br/ccivil_03/leis/L9613.htm. Acesso em: 8 jul. 2021.

BRASIL. *Lei n. 9.296, de 24 de julho de 1996*. Regulamenta o inciso XII, parte final, do art. 5° da Constituição Federal. Disponível em: http://www.planalto.gov.br/ccivil_03/leis/l9296.htm. Acesso em: 8 jul. 2021.

BRASIL. *Lei n. 9.099, de 26 de setembro de 1995*. Dispõe sobre os Juizados Especiais Cíveis e Criminais e dá outras providências. Disponível em: http://www.planalto.gov.br/ccivil_03/leis/L9099.htm. Acesso em: 8 jul. 2021.

BRASIL. *Lei n. 8.429, de 2 de junho de 1992*. Dispõe sobre as sanções aplicáveis aos agentes públicos nos casos de enriquecimento ilícito no exercício de mandato, cargo, emprego ou função na administração pública direta, indireta ou fundacional e dá outras providências. Disponível em: http://www.planalto.gov.br/ccivil_03/leis/L8429.htm. Acesso em: 8 jul. 2021.

BRASIL. *Constituição da República Federativa do Brasil de 1988*. Disponível em: http://www.planalto.gov.br/ccivil_03/constituicao/constituicao.htm. Acesso em: 8 jul. 2021.

BRASIL. *Código de Processo Penal*. Decreto-Lei n. 3.689, de 3 de outubro de 1941. Disponível em: http://www.planalto.gov.br/ccivil_03/decreto-lei/Del3689Compilado.htm. Acesso em: 8 jul. 2021.

BRASIL. Código Penal. Decreto-Lei n. 2.848, de 7 de dezembro de 1940. Disponível em: http://www.planalto.gov.br/ccivil_03/decreto-lei/Del2848compilado.htm. Acesso em: 8 jul. 2021.

CAIERO, Pedro. Legalidade e oportunidade: a perseguição penal entre o mito da justiça absoluta e o fetiche da "gestão eficiente" do sistema. *Revista do Ministério Público de Lisboa*, ano 84, n. 21, p. 31-47, 2000.

CARSON, Lindsey; PRADO, Mariana Mota. Brazilian Anti-Corruption Legislation and Its Enforcement: Potential Lessons for Institutional Design. *IRIBA* Working Paper n. 9, p. 1-36, jul. 2014.

CASARA, Rubens R. *Mitologia processual penal*. São Paulo: Saraiva, 2015.

CASARA, Rubens R. O mito da imparcialidade do Ministério Público no processo penal brasileiro: o desvelamento necessário. *In*: FERNANDES, Márcia Adriana; PEDRINHA, Roberta Duboc (org.). *Escritos transdisciplinares de criminologia, direito e processo penal*: homenagem aos mestres Vera Malaguti e Nilo Batista. Rio de Janeiro: Revan, 2014. p. 935-944.

CHOUKR, Fauzi Hassan. Justa causa: reflexões em torno da obra de Afrânio Silva Jardim. *In*: BASTOS, Marcelo Lessa; AMORIM, Pierre Souto Maior Coutinho de (org.). *Tributo a Afrânio Silva Jardim*: escritos e estudos. 2. ed. Rio de Janeiro: Lumen Juris, 2014. p. 165-182.

CONSELHO DA EUROPA. *Recomendação n. 87/18, de 17 de setembro de 1987*. Disponível em: https://rm.coe.int/CoERMPublicCommonSearchServices/DisplayDCTMContent?documentId=09000016804e19f8. Acesso em: 8 jul. 2021.

CONSELHO NACIONAL DO MINISTÉRIO PÚBLICO (CNMP). *Resolução n. 13, de 2 de outubro de 2006*. Disponível em: http://www.cnmp.mp.br/portal/images/Normas/Resolucoes/Resolucao_n%C2%BA_13_alterada_pela_Res._111-2014.pdf. Acesso em: 8 jul. 2021.

CONTRERAS ALFARO, Luis Humberto. *Corrupción y principio de oportunidad*: alternativas en materia de prevención y castigo a la respuesta penal tradicional. Salamanca: Universidad Salamanca, 2005.

CONVENÇÃO das Nações Unidas contra a Corrupção. 2003. Disponível em: https://www.unodc.org/documents/lpo-brazil//Topics_corruption/Publicacoes/2007_UNCAC_Port.pdf. Acesso em: 8 jul. 2021.

CONVENÇÃO Interamericana contra a Corrupção. Disponível em: https://repositorio.cgu.gov.br/bitstream/1/34005/16/Conven%c3%a7%c3%a3o_interamericana_combate_corrup%c3%a7%c3%a3o_OEA.pdf. Acesso em: 22 jul. 2021.

CONVENÇÃO sobre o Combate da Corrupção de Funcionários Públicos Estrangeiros em Transações Comerciais Internacionais. 2000. Disponível em: http://www.planalto.gov.br/ccivil_03/decreto/d3678.htm. Acesso em: 15 jul. 2021.

COSTA, Eduardo Maia. Princípio da oportunidade: muitos vícios, poucas virtudes. *Revista do Ministério Público de Lisboa*, ano 22, n. 85, p. 36-49, 2001.

COSTA, Pedro Jorge. O princípio da obrigatoriedade da ação penal pública condenatória no Brasil. *In*: BASTOS, Marcelo Lessa; AMORIM, Pierre Souto Maior Coutinho de (org.). *Tributo a Afrânio Silva Jardim*: escritos e estudos. 2. ed. Rio de Janeiro: Lumen Juris, 2014. p. 483-509.

COSTA JÚNIOR, Paulo José da; PAGLIARO, Antonio. *Dos crimes contra a administração pública*. São Paulo: Malheiros Editores, 1997.

COUTINHO, Jacinto Nelson de Miranda. Efetividade do processo penal e golpe de cena: um problema às reformas processuais. *Empório do Direito*, Florianópolis, 23 abr. 2015. Disponível em: https://emporiododireito.com.br/leitura/efetividade-do-processo-penal-e-golpe-de-cena-um-problema-as-reformas-processuais. Acesso em: 8 jul. 2021.

COUTINHO, Jacinto Nelson de Miranda. Introdução aos princípios gerais do processo penal brasileiro. *Revista da Faculdade de Direito da UFPR*, Curitiba, ano 30, n. 30, p. 163-198, 1998. Disponível em: http://revistas.ufpr.br/direito/article/view/1892/1587. Acesso em: 8 jul. 2021.

DAVIS, Kevin E.; TREBILCOCK, Michael J. The Relationship Between Law and Development: Optimists Versus Skeptics. *American Journal of Comparative Law*, ano 1, n. 56, p. 895-946, 2008.

DEU, Teresa Armenta. *Lecciones de derecho procesal penal*. 4. ed. Madrid: Marcial Pons, 2009.

FARIA, José Eduardo. *O direito na economia globalizada*. São Paulo: Malheiros Editores, 1999.

FECOMERCIO, SP. *Mário Vinícius Claussen Spinelli fala sobre o combate à corrupção em SP*: Entrevista (2014). Disponível em: https://www.youtube.com/watch?v=2IGXpJmoEUo&feature=youtu.be. Acesso em: 8 jul. 2021.

FERNANDES, Antonio Scarance. *Processo penal constitucional*. 6. ed. São Paulo: Revista dos Tribunais, 2010.

FERNANDES, Márcia Adriana; PEDRINHA, Roberta Duboc (org.). *Escritos transdisciplinares de criminologia, direito e processo penal*: homenagem aos mestres Vera Malaguti e Nilo Batista. Rio de Janeiro: Revan, 2014.

FERREIRA, Renata Rodrigues de Abreu; BARBOSA, Gustavo Alves Parente. Breves considerações sobre o instituto do acordo de não persecução penal: é necessário um exercício de reflexão. *In*: LOPES, Anderson Bezerra *et al.* (org.). *Direito penal, processo penal, execução penal e criminologia nos 30 anos da constituição cidadã*: novos caminhos e desafios. Belo Horizonte: D'Plácido, 2018.

FIANDACA, Giovanni. Esigenze e prospettive di riforma dei reati di corruzione e concussione. *Rivista Italiana di Diritto e Procedura Penale*, Milão, ano 43, n. 3, p. 883-901, jul./set. 2000.

FIGUEIREDO DIAS, Jorge de. *Acordos sobre a sentença em processo penal*: o "fim do Estado de direito" ou um novo "princípio". Coimbra: Coimbra Editora, 2011.

FIGUEIREDO DIAS, Jorge de. *Direito processual penal*. Coimbra: Coimbra Editora, 2004.

FIGUEIREDO DIAS, Jorge de; COSTA ANDRADE, Manuel da. *Criminologia*: o homem delinquente e a sociedade criminógena. Coimbra: Coimbra Editora, 2013.

GIACOMOLLI, Nereu José. *Legalidade, oportunidade e consenso no processo penal*: na perspectiva das garantias constitucionais: Alemanha – Espanha – Itália – Portugal – Brasil. Porto Alegre: Livraria do Advogado, 2006.

GÖSSEL, Karl Heinz. *El derecho procesal penal en el Estado de derecho*: obras completas. Buenos Aires: Rubinzal-Culzoni, 2007. t. 1.

GREEN, Bruce A.; YAROSHEFSKY, Ellen. Prosecutorial Accountability 2.0. *Fordham Law Legal Studies Research Paper* n. 2722791, 2016. Disponível em: https://ssrn.com/abstract=2722791. Acesso em: 5 fev. 2017.

GRINOVER, Ada Pellegrini. A defesa penal e sua relação com a atividade probatória: a vítima e o princípio de oportunidade: relações entre juiz e Ministério Público: seus limites. *Revista Brasileira de Ciências Criminais*, São Paulo, ano 10, n. 40, p. 91-104, out./dez. 2002.

GUARIGLIA, Fabricio O. Facultades discrecionales del Ministerio Público e investigación preparatoria: el principio de oportunidad. *In*: ROXIN, Claus *et al. El Ministerio Público en el proceso penal*. Buenos Aires: Ad-Hoc, 2000. p. 83-96.

HASSEMER, Winfried. *Direito penal libertário*. Tradução Regina Greve. Belo Horizonte: Del Rey, 2007.

HASSEMER, Winfried. *Crítica al derecho penal de hoy*. 2. ed. Buenos Aires: Ad-Hoc, 2003.

HASSEMER, Winfried. La persecución penal: legalidad y oportunidad. *Revista de Derecho Penal*, Buenos Aires, n. 2, p. 65-73, 2001.

IVANOV, Eduard *et al*. Legal Regulation of Combating Corruption: Report of the LSGL's Research Group. *Law Schools Global League (LSGL)* Research Paper, ano 2, jul. 2014. Disponível em: http://ssrn.com/abstract=2461487. Acesso em: 8 jul. 2021.

JARDIM, Afrânio Silva. *Ação penal pública*: princípio da obrigatoriedade. 5. ed. Rio de Janeiro: Lumen Juris, 2010.

JARDIM, Afrânio Silva. *Direito processual penal*. 11. ed. Rio de Janeiro: Forense, 2005.

KANT DE LIMA, Roberto; AMORIM, Maria Stella de; BURGOS, Marcelo Baumann. A administração da violência cotidiana no Brasil: a experiência dos juizados especiais criminais. *In*: KANT DE LIMA, Roberto *et al*. *Juizados especiais criminais, sistema judicial e sociedade no Brasil*: ensaios interdisciplinares. Niterói: Intertexto, 2003. v. 1. p. 19-52.

KRONMAN, Anthony. *Max Weber*. Rio de Janeiro: Elsevier, 2009.

LAMY, Anna Carolina Pereira Cesarino Faraco. *Reflexos do acordo de leniência no processo penal*: a implementação do instituto ao direito penal econômico brasileiro e a necessária adaptação ao regramento constitucional. Rio de Janeiro: Lumen Juris, 2014.

LEITE, Alaor (org.). *Reforma penal*: a crítica científica à parte geral do projeto de Código Penal (PLS 236/2012). São Paulo: Atlas, 2015.

LEITE, Rosemeire Ventura. *Justiça consensual e efetividade do processo penal*. Belo Horizonte: Del Rey, 2013.

LIVIANU, Roberto. *Corrupção incluindo a Lei Anticorrupção*. São Paulo: Quartier Latin, 2014.

LOPES JÚNIOR, Aury. *Fundamentos do processo penal*: introdução crítica. São Paulo: Saraiva, 2015.

LOPES JÚNIOR, Aury. *Direito processual penal*. 10. ed. São Paulo: Saraiva, 2013.

LOPES, Maurício Antonio Ribeiro. Princípio da oportunidade no sistema penal contemporâneo. *In*: PENTEADO, Jaques de Camargo (coord.). *Justiça penal 4*: críticas e sugestões: provas ilícitas e reforma pontual. São Paulo: Revista dos Tribunais, 1997. p. 152-170.

LÓPEZ CALAZA, Sonia. Las paradojas del mal llamado principio de oportunidad en el proceso penal. *La Ley Penal:* Revista de Derecho Penal, Procesal y Penitenciario, ano 10, n. 103, p. 93-106, jul./ago. 2013.

LÓPEZ CLAROS, Augusto. Removing Impediments to Sustainable Economic Development: The Case of Corruption. *Policy Research Working Paper* n. 6704, p. 1-49, nov. 2013.

LUISI, Luiz. A crise do sistema penal: soluções processuais. *Revista do Conselho Nacional de Política Criminal e Penitenciária*, ano 8, n. 1, p. 105-116, jul./dez. 1996.

MACHADO, Antônio Alberto. *Ministério Público*: democracia e ensino jurídico. Belo Horizonte: Del Rey, 1999.

MACHADO, Maíra Rocha. Crime e/ou improbidade? Notas sobre a performance do sistema de justiça em casos de corrupção. *Revista Brasileira de Ciências Criminais*, São Paulo, ano 23, n. 122, p. 189-212, jan./fev. 2015.

MACHADO, Maíra Rocha. Sistema de justiça e corrupção no Brasil: um estudo do caso TRT/SP. *Revista Jurídica da Presidência*, Brasília, ano 14, n. 103, p. 273-304, jul./set. 2012.

MACHADO, Maíra Rocha; FERREIRA, Luísa Moraes Abreu (org.). *Estudos sobre o caso TRT*. São Paulo: FGV DIREITO SP, 2014. (Acadêmica Livre).

MACHADO, Maíra Rocha; PASCHOAL, Bruno. Monitorar, investigar, responsabilizar e sancionar: a multiplicidade institucional em casos de corrupção. *Novos Estudos*, ano 104, p. 10-37, mar. 2016.

MACHADO, Marta Rodriguez de Assis. *Sociedade de risco e direito penal*: uma avaliação de novas tendências político-criminais. São Paulo: IBCCRIM, 2005.

MAGALHÃES NORONHA, Edgard. *Direito penal*: dos crimes contra a saúde pública a disposições finais. 13. ed. São Paulo: Saraiva, 1981. v. 4.

MAGALHÃES NORONHA, Edgard. *Curso de direito processual penal*. 8. ed. São Paulo: Saraiva, 1976.

MAIER, Julio B. J. *et al*. *El Ministerio Público en el proceso penal*. Buenos Aires: Ad-Hoc, 2000.

MARCHISIO, Adrián. Principio de oportunidad, Ministerio Público y política criminal. *Sistemas Judiciales*, ano 10, n. 5, p. 58-77, 2006.

MARQUES, José Frederico. *Elementos de direito processual penal*. 2. ed. Campinas (SP): Millennium, 2000. v. 1.

MARTÍNEZ, Santiago. Algunas cuestiones en torno a los principios de la legalidad y oportunidad. *Cuadernos de Doctrina y Jurisprudencia Penal*, ano 8, n. 14, p. 513-533, 2002.

MAURO, Paolo. Corruption and Growth. *Quarterly Journal of Economics*, ano 110, n. 3, p. 681-712, ago. 1995.

MELLIM FILHO, Oscar. *Criminalização e seleção no sistema judiciário penal*. São Paulo: IBCCRIM, 2010 (Monografias IBCCRIM n. 59).

MICHAEL, Bryane; FERGUSON, Frank; KARIMOV, Alisher. Do Customs Trade Facilitation Programmes Help Reduce Customs-Related Corruption? *International Journal of Public Administration*, ano 35, n. 2, p. 1-75, out. 2010. Disponível em: http://papers.ssrn.com/sol3/papers.cfm?abstract_id=1705904. Acesso em: 8 jul. 2021.

MICHAEL, Bryane; MOORE, Nigel. What Do We Know about Corruption: and Anti-Corruption in Customs? *World Customs Journal*, ano 4, n. 1, p. 3-12, maio 2010. Disponível em: http://ssrn.com/abstract=1598207. Acesso em: 8 jul. 2021.

NORTH, Douglas C. *Institutions, Institutional Change and Economic Performance*. Cambridge: Cambridge University Press, 1990.

OLIVEIRA, Rafael Serra. *Consenso no processo penal*: uma alternativa para a crise do sistema criminal. São Paulo: Almedina, 2015.

OSLER, Mark William; BENNETT, Mark W. A "Holocaust in Slow Motion?" America's Mass Incarceration and the Role of Discretion. *DePaul Journal for Social Justice*, v. 117, 2014. Disponível em: https://ssrn.com/abstract=2489640. Acesso em: 8 jul. 2021.

PEREIRA, Cláudio José. *Princípio da oportunidade e justiça penal*. São Paulo: Juarez de Oliveira, 2002.

PIMENTA, Raquel de Mattos. *A construção dos acordos de leniência da Lei Anticorrupção*. São Paulo: Blucher, 2020. Disponível em: https://www.blucher.com.br/livro/detalhes/a-construcao-dos-acordos-de-leniencia-da-lei-anticorrupcao-1669/ciencias-humanas-e-comunicacao-114. Acesso em: 3 maio 2021.

PIRES, Álvaro P. Amostragem e pesquisa qualitativa: ensaio teórico e metodológico. *In*: POUPART, Jean *et al.* (org.). *A pesquisa qualitativa*: enfoques epistemológicos e metodológicos. Petrópolis (RJ): Vozes, 2008. p. 154-214.

PLETSCH, Natalie Ribeiro. *Formação da prova no jogo processual penal*: o atuar dos sujeitos e a construção da sentença. São Paulo: IBCCRIM, 2007.

POUPART, Jean *et al. A pesquisa qualitativa*: enfoques epistemológicos e metodológicos. 3. ed. Petrópolis (RJ): Vozes, 2012.

POWER, Timothy J.; TAYLOR, Matthew M. Introduction: Accountability Institutions and Political Corruption in Brazil. *In*: POWER, Timothy J.; TAYLOR, Matthew M. (org.). *Corruption and Democracy in Brazil*: The Struggle for Accountability. Notre Dame: University of Notre Dame Press, 2011. p. 1-28.

PRADO, Arthur Sodré. Entre a justiça criminal e os particulares: novas perspectivas analíticas de ilícitos contra a administração pública. *In*: MACHADO, Maíra Rocha (org.). *Justiça criminal entre poderes*. São Paulo: FGV DIREITO SP, 2020. Disponível em: https://hdl.handle.net/10438/29990. Acesso em: 3 maio 2021.

PRADO, Geraldo. Transação penal: alguns aspectos controvertidos. *In*: WUNDERLICH, Alexandre; CARVALHO, Saulo de (org.). *Novos diálogos sobre os juizados especiais criminais*. Rio de Janeiro: Lumen Juris, 2005. p. 3-14.

PRADO, Geraldo; MALAN, Diogo (coord.). *Processo penal de democracia*: estudos em homenagem aos 20 anos da Constituição da República de 1988. Rio de Janeiro: Lumen Juris, 2009.

PRADO, Luiz Regis. *Tratado de direito penal brasileiro*: parte especial: arts. 312 a 359-H: crimes contra a administração pública. São Paulo: Revista dos Tribunais, 2014. v. 7.

PRADO, Mariana Mota; TREBILCOCK, Michael J. Path Dependence, Development, and the Dynamics of Institutional Reform. *University of Toronto Law Journal*: Legal Sudies Research Paper, p. 1-49, abr. 2009.

REALE JÚNIOR, Miguel. Simplificação processual e desprezo ao direito penal: doutrina. *Revista Ciências Penais*, ano 9, p. 289-310, jul./dez. 2008.

RIBEIRO, Leo Maciel Junqueira; COSTA, Victor Cezar Rodrigues da Silva. Acordo de não persecução penal: um caso de direito penal das consequências levado às últimas consequências. *Revista Brasileira de Ciências Criminais*, São Paulo, v. 27, n. 161, p. 249-276, nov. 2019.

RIBEIRO, Leonardo Coelho. *Direito administrativo como caixa de ferramentas*: uma nova abordagem da ação pública. São Paulo: Malheiros Editores, 2016.

ROCHA, Bheron. A importância de Moro e da Lava-Jato para a democracia e para as garantias do processo penal no Brasil. *Justificando*, 28 set. 2016. Disponível em: http://justificando.com/2016/09/28/importancia-de-moro-e-da-lava-jato-para-democracia-e-para-as-garantias-do-processo-penal-no-brasil/. Acesso em: 8 jul. 2021.

RODRIGUES, Fabiana Alves. *Lava jato*: aprendizado institucional e ação estratégica na Justiça. São Paulo: WMF Martins Fontes, 2020.

RODRÍGUEZ GARCÍA, Nicolás. *La justicia penal negociada*: experiencias de derecho comparado. Salamanca: Universidad Salamanca, 1997.

ROSE-ACKERMAN, Susan. Corruption: Greed, Culture and the State. *Yale Law Journal Online*, ano 120, p. 125-146, jul. 2010a. Disponível em: https://papers.ssrn.com/sol3/papers.cfm?abstract_id=1648859. Acesso em: 8 jul. 2021.

ROSE-ACKERMAN, Susan. The Law and Economics of Bribery and Extortion. *Annual Review of Law and Social Science*, ano 6, p. 217-238, 2010b. Disponível em: https://papers.ssrn.com/sol3/papers.cfm?abstract_id=1708416. Acesso em: 15 jul. 2021.

ROSE-ACKERMAN, Susan; COOLIDGE, Jacqueline. High-Level Rent-Seeking and Corruption in African Regimes: Theory and Cases. *World Bank Policy Research Working Paper* n. 1780, 1995. Disponível em: http://ssrn.com/abstract=604988. Acesso em: 15 jul. 2021.

ROSE-ACKERMAN, Susan; PALIFKA, Bonnie J. *Corrupção e governo*: causas, consequências e reforma. São Paulo: Editora FGV, 2020.

ROSE-ACKERMAN, Susan; TRUEX, Rory. Corruption and Policy Reform. *Yale Law & Economics Research Paper* n. 444, 17 fev. 2012. Disponível em: http://papers.ssrn.com/sol3/papers.cfm?abstractid=2007152. Acesso em: 19 jul. 2021.

ROXIN, Claus. *La evolución de la política criminal, el derecho penal y el proceso penal*. Valencia: Tirant lo Blanch, 2000.

ROXIN, Claus; ARZT, Gunther; TIEDEMANN, Klaus. *Introducción al derecho penal y al derecho penal procesal*. Barcelona: Ariel, 1989.

SANTANA VEGA, Dulce María. Principio de oportunidad y sistema penal. *Anuario de Derecho Penal y Ciencias Penales*, ano 2, n. 47, p. 105-136, 1994.

SANTOS, Cláudia Cruz; BIDINO, Claudio; MELO, Débora Thaís de Melo. *A corrupção*: reflexões a partir da lei, da doutrina e da jurisprudência: sobre o seu regime jurídico-criminal em expansão no Brasil e em Portugal. Coimbra: Coimbra Editora, 2009.

SÃO PAULO (Município). *Portaria da Procuradoria-Geral do Município n. 12, de 3 de junho de 2015.* Acresce atribuições ao Departamento de Procedimentos Disciplinares, da Procuradoria-Geral do Município, da Secretaria Municipal dos Negócios Jurídicos. São Paulo, 2015. Disponível em: http://legislacao.prefeitura.sp.gov.br/leis/portaria-secretaria-munic-de-coordenad-das-subprefeituras-sp-pj-procuradoria-geral-do-municipio-12-de-4-de-junho-de-2015. Acesso em: 15 jul. 2021.

SÃO PAULO (Município). *Lei Municipal n. 15.764, de 27 de maio de 2013.* Dispõe sobre a criação e alteração da estrutura organizacional das Secretarias Municipais que especifica, cria a Subprefeitura de Sapopemba e institui a Gratificação pela Prestação de Serviços de Controladoria. São Paulo, 2013a. Disponível em: http://legislacao.prefeitura.sp.gov.br/leis/lei-15764-de-27-de-maio-de-2013. Acesso em: 15 jul. 2021.

SÃO PAULO (Município). *Decreto Municipal n. 53.929, de 21 de maio de 2013.* Dispõe sobre a obrigatoriedade de apresentação, pelos agentes públicos municipais, de declaração de bens e valores para a posse e exercício de mandatos, cargos, funções ou empregos nos órgãos da Administração Direta e Indireta. São Paulo, 2013b. Disponível em: http://legislacao.prefeitura.sp.gov.br/leis/decreto-53929-de-21-de-maio-de-2013. Acesso em: 15 jul. 2021.

SÃO PAULO (Município). *Decreto Municipal n. 27.321, de 11 de novembro de 1988.* Consolida as normas referentes à organização e à competência da Secretaria dos Negócios Jurídicos e dá outras providências. São Paulo, 1988. Disponível em: http://legislacao.prefeitura.sp.gov.br/leis/decreto-27321-de-11-de-novembro-de-1988. Acesso em: 15 jul. 2021.

SCALCON, Raquel Lima; ARAÚJO, Maria Paes Barreto de. Entre corrupção passiva, ativa e concussão. 20 maio 2020. Disponível em: https://scalconnovaes.com.br/publicacoes/artigo/entre-corrupcao-passiva-ativa-e-concussao/. Acesso em: 3 maio 2021.

SCHÜNEMANN, Bernd. Cuestiones básicas de la estructura y reforma del procedimiento penal bajo una perspectiva global. *Derecho Penal y Criminología*, ano 25, n. 76, p. 175-197, 2004.

SCHÜNEMANN, Bernd. *Temas actuales y permanentes del derecho penal después del milenio.* Madrid: Tecnos, 2002.

SCHÜTTE, Sofie Arjon; BUTT, Simon. The Indonesian Court for Corruption Crimes: Circumventing Judicial Impropriety? *U4 BRIEF*, ano 5, p. 1-4, set. 2013. Disponível em: http://www.cmi.no/publications/file/4903-the-indonesian-court-for-corruption-crimes.pdf. Acesso em: 15 jul. 2021.

SPECK, Bruno Wilhelm. Mensurando a corrupção: uma revisão de dados provenientes de pesquisas empíricas. *Cadernos Adenauer*, Fundação Konrad Adenauer, São Paulo, n. 10, p. 7-46, dez. 2000.

SHAH, Anwar. Corruption and Decentralized Public Governance. *ELibrary: World Bank Research Working Paper* n. 3824, jan. 2006.

SHAPIRO, Mario Gomes. Repensando a relação entre Estado, direito e desenvolvimento: os limites do paradigma *Rule of law* e a relevância das alternativas institucionais. *Revista Direito GV*, São Paulo, ano 11, p. 213-252, 2010.

SHLEIFER, Andrei; VISHNY, Robert W. Corruption. *NBER Working Paper* n. w4372, p. 1-26, maio 1993. Disponível em: http://papers.ssrn.com/sol3/papers.cfm?abstract_id=227027. Acesso em: 15 jul. 2021.

SILVA, Eduardo Araújo da. *Ação penal pública*: princípio da oportunidade regrada: aplicação nos juizados especiais criminais: doutrina e jurisprudência. 2. ed. São Paulo: Atlas, 2000.

SILVA SÁNCHEZ, Jesus-Maria. *La expansión del derecho penal*. Aspectos de la política criminal en las sociedades postindustriales. Madrid: Civitas Ediciones, 1999.

SILVA SÁNCHEZ, Jesus-Maria. *Política criminal y nuevo derecho penal*. Barcelona: Bosch, 1997.

SOUZA, Moutauri Ciocchetti de. *Ministério Público e o princípio da obrigatoriedade*: ação civil pública: ação penal pública. São Paulo: Método, 2007.

TAYLOR, Mathew M. The Federal Judiciary and Electoral Courts. *In*: POWER, Timothy; TAYLOR, Matthew M. (ed.). *Corruption and Democracy in Brazil*: The Struggle for Accountability. Notre Dame: University of Notre Dame, 2011. p. 162-183.

TAYLOR, Mathew M.; BURANELLI, Vinícius C. Ending Up in Pizza: Accountability as a Problem of Institutional Arrangement in Brazil. *Latin American Politics and Society*, ano 49, n. 1, p. 59-87, 2007.

TEIXEIRA, Carlos Adérito. *Princípio da oportunidade*: manifestações em sede processual penal e sua conformação jurídico-constitucional. Coimbra: Almedina, 2006.

THOMPSON, Augusto. *Quem são os criminosos*. Rio de Janeiro: Achiamé, 1983.

TOURINHO FILHO, Fernando da C. *Processo penal*. 34. ed. São Paulo: Saraiva, 2012. v. 1.

TRANSPARÊNCIA INTERNACIONAL. *Índice de percepção da corrupção 2020*. 2020. Disponível em: https://transparenciainternacional.org.br/ipc/. Acesso em: 5 maio 2021.

TREISMAN, Daniel. What Have We Learned about the Causes of Corruption from Ten Years of Cross-National Empirical Research? *Annual Review of Political Science*, ano 10, p. 211-244, jun. 2007.

TREISMAN, Daniel. The Causes of Corruption: A Cross-National Study. *Journal of Public Economics*, ano 76, n. 3, p. 399-457, jun. 2000.

TUCCI, Rogério Lauria. *Ministério Público e investigação criminal*. São Paulo: Revista dos Tribunais, 2004.

TUCCI, Rogério Lauria. *Teoria do direito processual penal*: jurisdição, ação e processo penal: estudo sistemático. São Paulo: Revista dos Tribunais, 2002.

VARGAS, José Cirilo de. *Direitos e garantias individuais no processo penal*. Rio de Janeiro: Forense, 2002.

VASCONCELLOS, Vinícius Gomes de. *Barganha e justiça criminal negocial*: análise das tendências de expansão dos espaços de consenso no processo penal brasileiro. São Paulo: IBCCRIM, 2015.

YANCARELLI, Lucas. Enfoque constitucional de la acción penal y el principio de oportunidad. *Revista de Derecho Penal y Procesal Penal*, Buenos Aires, ano 5, p. 954-969, 2013.

YIN, Robert K. *Estudo de caso*: planejamento e métodos. Porto Alegre: Bookman, 2001.

ZAFFARONI, Eugênio Raúl *et al. Direito penal brasileiro*: teoria geral do direito penal. Rio de Janeiro: Revan, 2003. v. 1.